TASTY

as melhores receitas

Tudo que você quer comer agora

Tradução
Isabella Pacheco

Rio de Janeiro | 2018

Copyright © 2017 by BuzzFeed, Inc.

Photographs copyright © 2017 by Lauren Volo

All rights reserved.

This translation published by arrangement with Clarkson Potter/Publishers, an imprint of the Crown Publishing Group, a division of Penguin Random House LLC.

TASTY is a trademark of BuzzFeed, Inc., and used under license. All rights reserved. All recipes originally appeared on Tasty.com.

Direitos de edição da obra em língua portuguesa no Brasil adquiridos pela Casa dos Livros Editora LTDA. Todos os direitos reservados. Nenhuma parte desta obra pode ser apropriada e estocada em sistema de banco de dados ou processo similar, em qualquer forma ou meio, seja eletrônico, de fotocópia, gravação etc., sem a permissão do detentor do copyright.

Contatos: Rua da Quitanda, 86, sala 218 — Centro — 20091-005
Rio de Janeiro — RJ
Tel.: (21) 3175-1030

Diretora editorial
Raquel Cozer

Editora
Alice Mello

Copidesque
Anna Beatriz Seilhe

Revisão
Thaís Lima

Diagramação do original e capa original
Stephanie Huntwork

Imagens de capa
Lauren Volo

Adaptação de capa e miolo
Renata Vidal

CIP-BRASIL. CATALOGAÇÃO NA PUBLICAÇÃO
SINDICATO NACIONAL DOS EDITORES DE LIVROS, RJ

T214

    Tasty : as melhores receitas / tradução Isabella Pacheco. - 1. ed. - Rio de Janeiro : Harper Collins, 2018.
        192 p. : il. ; 23 cm.

    Tradução de: Tasty : latest and greatest
    ISBN 9788595083967

        1. Culinária - Receitas. I. Pacheco, Isabella.

18-52321   CDD: 641.5
                                                                                                                             CDU: 641.5

Meri Gleice Rodrigues de Souza - Bibliotecária CRB-7/6439
05/09/2018 10/09/2018

CONTEÚDO

introdução 7 festa 13
cozinha do campo 31 doces 47
clássicos 67 vegetariana 85
os melhores do mundo 107
mundo afora 125 na moda 141
bolinhas, bolinhos e anéis 161
agradecimentos 184 índice 188

Você tem dúvidas sobre alguma receita? Faça o download do app do Tasty na iTunes Store.

Você consegue!

Bem-vindo ao Tasty Demais. Assim como você, nós adoramos cozinhar e a felicidade que isso proporciona; a satisfação de fazer algo que você nunca tentou antes; ou mesmo a surpresa de descobrir aquele truque revolucionário que vai mudar o seu repertório culinário para sempre. Quer você esteja aprimorando seu modo de fazer uma massa de pizza com a massa tão brilhante quanto um pretzel ou começando no mundo na cozinha (e, sinceramente, quem não está, hoje em dia?), você veio ao lugar certo. No nosso mundo, cozinhar não deve ser intimidador, nem ocupar todo o seu fim de semana, nem exigir diversos ingredientes que você precise procurar durante horas. É para ser delicioso... mas acima de tudo, é para ser um momento prazeroso. É por isso que as nossas receitas são criadas para abalar corações em sabor e diversão. Porque, se não for pra curtir estar na cozinha, qual é o objetivo? Vocês, cozinheiros do mundo, pediram, e nós os atendemos com receitas fáceis e possíveis, que vão querer fazer todos os dias.

APRENDA ALGO

Assim como um professor de culinária, nosso trabalho é te mostrar exatamente do que você vai precisar e como simplificar as coisas na cozinha. Nada nos deixa mais felizes do que as reações sinceras que nossos vídeos de receitas recebem na internet. Isso nos mostra na hora o que as pessoas pensam do que estamos fazendo. As trufas recheadas de cheesecake eram mesmo tão simples de fazer como pareciam? Sim. Aquelas barquinhas de cachorro-quente com queijo e chili eram tão gostosas quanto aparentavam? Outro sim. Nós nos importamos profundamente com o que você acha, quer e procura? Um terceiro sim.

Cozinhar com o Tasty Demais também pode ser um lembrete diário de que nunca é tarde para um cozinheiro experiente (ou um cozinheiro inconstante) aprender novos truques. Pode ser uma pequena dica que faz a diferença entre o bom e o ótimo, ou uma receita inteira que conquista você do início ao fim. Pode ser dar um novo uso para aquela assadeira, tigela de vidro ou espetinho — pegar o básico e transformá-lo em extraordinário com um pouco de imaginação. A ideia de cozinhar aprendendo é o que nos move todos os dias, e vocês nos mostraram que se sentem da mesma forma.

Consideramos que o nosso trabalho é trazer a você a melhor versão de (insira aqui literalmente todas as comidas deliciosas do mundo), e levamos esse trabalho muito a sério. Nossas receitas funcionam, mas elas também são generosas. O escorregão de uma faca ou um minutinho a mais ou a menos no forno em geral não colocarão tudo a perder — pelo contrário, vão mostrar a você que a cozinha é sua amiga.

COMPARTILHE ALGO

Falando em amigos, não hesite em compartilhar essas receitas com eles. A comida une as pessoas — isso é fato. Em vez de enviar uma foto do seu cachorrinho ou do seu filho, que tal mandar uma foto do seu Anel de lasanha? É uma maneira discreta de se gabar e um incentivo útil, tudo em um único clique. Então a sua foto será enviada para outra pessoa, e para outra, e para mais algumas... Quem sabe? Aquela *quesadilla* linda que você fez poderia facilmente viralizar duas vezes — uma na internet e a outra na sua casa.

Cozinhar também pode ser uma maneira certeira de se aproximar das pessoas. Envie a lista de ingredientes para um grupo, peça para cada um trazer uma das coisas, e então façam algo maravilhoso juntos. Você não só cria momentos que podem ser compartilhados com o mundo num instante, mas também constrói memórias que duram muito, muito mais do que isso. Sabe aquela vez que você fez croquetes japoneses? Ou aquela torta de sorvete divina para impressionar os sogros, que começa com uma simples mistura para brownie? Pode confiar: agora você vai saber.

APRECIE ALGO

O Tasty Demais faz com que o ato de cozinhar seja mais sobre você do que sobre a receita. É sobre reimaginar o que o tempo passado na cozinha pode ser. Já foi-se o tempo em que uma receita tinha várias páginas; com esse time de campeões, você pode ir ao supermercado, pegar o que precisa e, na maioria dos casos, comer em cerca de uma hora. E não se pode dizer que não há projetos especiais por aqui. Sobremesas mágicas que se revelam a cada camada? Sim. Trufas de todos os tipos? Sim. Seja uma receita do momento que dá certo, como biscoitos de *fidget spinner* que funcionam de verdade (não estamos mentindo), ou uma clássica, como uma deliciosa lasanha à bolonhesa, todas as receitas têm potencial para se tornarem frequentes; o fator decisivo é você. Ao contrário de tantas outras coisas na vida, você pode escolher quais receitas se tornarão as suas favoritas, suas escolhidas para o dia a dia, e as que vão virar sinônimo do seu nome e da sua culinária. Centenas de milhares de seguidores não podem estar errados. É aí que entra a democracia do Tasty Demais. Receitas campeãs, ovacionadas por fãs como você, sobem para o topo do pódio, impulsionadas por curtidas, comentários, compartilhamentos e sorrisos.

Nós acreditamos que uma receita pode ser a expressão mais realista de quem você é como pessoa. Você é um admirador de diferentes culturas? Um trio de *dumplings* está bem no seu estilo. Vai cozinhar em dia de jogo? Asinhas de frango crocante e Pão de alho com queijo para alegrar! Está planejando um jantar com amigos? Faça um Frango à *cordon bleu*. É aquela emoção enorme que acompanha o sucesso na cozinha, a necessidade de dividir a sua dica sensacional de Ovos diabólicos ou a revelação que é um Sanduichinho de frango barbecue que mantém o molho longe dos seus dedos e dentro da sua barriga. É a sensação de chegar em uma festa com um doce arrasador, como a Galáxia de chocolate. Você, meu amigo, é um campeão!

E, então, há aqueles fins de semana chuvosos, quando a rotina de assistir Netflix se torna tão tediosa que pode fazer até o mais preguiçoso telespectador ir em busca de uma atividade fora do sofá. Cozinhar como forma de resgate! Mesmo se ninguém correr para a cozinha para ajudar na preparação, quando as pessoas ouvirem o chiar da carne na panela, sentirem o cheiro do alho ou virem uma pilha de macarrão, você sabe que vão fazer fila para ajudar — e, com certeza, vão estender os pratos para ganhar uma provinha. Nós não queremos simplesmente ocupar espaço no seu celular, na tela do seu computador ou na sua estante — queremos uma cadeira na sua mesa. É por isso que enchemos este livro com um repertório classe A, para garantir que você poderá realizar a promessa de um prato excelente sempre que a vontade bater.

Sobre este livro

Apesar do Tasty Demais já unir as pessoas diariamente em pequenas telas ao redor do mundo, ainda existe algo especial em ter esta coleção palpável de maravilhas comestíveis na ponta dos dedos sempre que quiser. Quantas vezes você conseguiu converter o pensamento "se eu ao menos conseguisse fazer isso em casa..." por "Vou fazer isso hoje à noite e vai ficar uma delícia"? Isso é o Tasty Demais.

As melhores e mais novas receitas são exatamente isso: no que estivemos trabalhando mais recentemente e o que vocês têm amado nos últimos tempos. O livro começa com um capítulo de comidas para festas, perfeitas para grupos grandes, como palitos fritos de macarrão com queijo (dá vontade, né?); bolinhos de pimenta jalapeño transformados num gratinado do qual você não vai conseguir ficar longe; e vulcões de batata que poderiam estar em um concurso de esculturas. A seguir, no capítulo de cozinha do campo, sanduichinhos (quatro tipos, para todo mundo ficar feliz); churrasquinho de frango na cerveja, porque é provavelmente um dos melhores pratos e — ora, por que parar por aqui? — conquistas históricas dos Estados Unidos; e tacos no estilo mexicano, que vão te deixar com vontade de abrir a sua própria barraquinha. Um capítulo inteiro de sobremesas, repleto de truques geniais, como, por exemplo, um método de assar *tortillas* em tigelas. Pratos clássicos também têm lugar de destaque em um capítulo que ensina nhoque caseiro (sim, você consegue!), frango ao molho marsala e uma torta de frigideira cuja maior dificuldade é fazer a massa. Sem esquecer dos vegetarianos, trouxemos pratos deliciosos que os deixarão satisfeitos e orgulhosos, como almôndegas de abobrinha, macarrão com queijo vegano e couve-flor assada picante, que provam que você não precisa de asinhas de frango. Qualquer capítulo chamado "Os melhores do mundo", claro, apresenta as melhores coisas de todas — e não poderia faltar frango frito com mel, cookies super macios com gotas de chocolate e sorvete com três ingredientes (a gente jura — são só três!). Nós também levamos você para viajar pelo globo com um capítulo de receitas do mundo, que trazem sabores de bem longe para a sua casa, como *dumplings* caseiros (você mesmo faz a massa — vai lá!) e frango tikka masala (o segredo é creme de leite fresco!). Pratos da moda são legais e tal, mas eles têm que transcender a moda, e os nossos conseguiram: a Cheesecake arco-íris é um prato que veio para ficar, não importa a época do ano, e batatas fritas de emoji são simplesmente fofas demais. Finalmente, você vai pirar com o capítulo de bolinhas, bolinhos e anéis, no qual tudo é recheado ou redondo, finalizando um livro repleto de receitas que você com certeza vai querer repetir.

É isso o que chamamos de totalmente Demais. Prepare-se para se divertir.

FESTA

ovos diabólicos em quatro versões 14 frigideira de carne assada com batata 16 palitos de frango picante com muçarela 19 barquinhas de cachorro-quente com queijo e chili 20 palitos fritos de macarrão com queijo 21 vulcões de batata 23 coxinhas de camarão 24 espetinho de frango satay 25 copinhos de burrito 26 gratinado de pimenta jalapeño 29

Ovos diabólicos em quatro versões

CADA RECEITA RENDE 24 UNIDADES

Cozinhe uma dúzia de ovos com antecedência e guarde-os na geladeira por até uma semana. Dessa forma, você terá um mundo de opções para recheá-los. Estas ideias fáceis e criativas demonstram que, realmente, o diabo mora nos detalhes.

OVOS DIABÓLICOS CLÁSSICOS

12 **ovos**
½ xícara (chá) de **maionese**
1 colher (sopa) de **mostarda amarela**
1 colher (sopa) de **molho relish de pepino**
1 colher (chá) de **sal**
1 colher (chá) de **pimenta-do-reino**

PARA SERVIR
Páprica doce
Folhas frescas de **salsinha**

1. Coloque os ovos em uma panela e encha-a com água fria até cobri-los por completo. Deixe a água ferver, tampe a panela, retire-a do fogo e deixe descansar por cerca de 12 minutos.

2. Transfira os ovos para uma tigela com água gelada por cerca de 3 minutos, e então descasque-os e corte-os ao meio no sentido vertical. Transfira as gemas para uma tigela e separe as claras cozidas.

3. Misture os ingredientes restantes com as gemas e coloque a mistura em um saco de confeiteiro. (Como alternativa, use um saco com fecho hermético e corte a ponta.)

4. Recheie as claras cozidas com a mistura, salpique a páprica e a salsinha e sirva frio.

OVOS DIABÓLICOS COM GUACAMOLE

12 **ovos**
2 **avocados** pequenos, cortados em cubos
¼ de xícara (chá) de **coentro** fresco picado
1 **pimenta jalapeño** sem sementes e cortada em cubinhos
½ **cebola roxa** bem picadinha
1 **tomate** bem picadinho
2 dentes de **alho** picadinhos
1 colher (chá) de **cominho**
1 colher (sopa) de **suco de limão** fresco
1 colher (chá) de sal

PARA SERVIR
Folhas frescas de coentro
Chips de tortilla quebrados em pedaços pequenos

1. Coloque os ovos em uma panela e encha-a com água fria até cobri-los por completo. Deixe a água ferver, tampe a panela, retire-a do fogo e deixe descansar por cerca de 12 minutos.

2. Transfira os ovos para uma tigela com água gelada por cerca de 3 minutos, e então descasque-os e corte-os ao meio no sentido vertical. Transfira as gemas para uma tigela e separe as claras cozidas.

3. Misture os ingredientes restantes com as gemas e coloque a mistura em um saco de confeiteiro. (Como alternativa, use um saco com fecho hermético e corte a ponta.)

4. Recheie as claras cozidas com a mistura, salpique o coentro e os chips de tortilla em pedaços e sirva frio.

< TURBINADO

OVOS DIABÓLICOS TURBINADOS

12 **ovos**
½ xícara (chá) de **sour cream**
3 fatias de bacon frito picadinhas
¼ de xícara (chá) de **cebolinha** fresca picadinha
½ xícara (chá) de **queijo cheddar** ralado
Sal e **pimenta-do-reino** a gosto

PARA SERVIR
Bacon frito picadinho
Cebolinha fresca picadinha

1. Coloque os ovos em uma panela e encha-a com água fria até cobri-los por completo. Deixe a água ferver, tampe a panela, retire-a do fogo e deixe descansar por cerca de 12 minutos.

2. Transfira os ovos para uma tigela com água gelada por cerca de 3 minutos, e então descasque-os e corte-os ao meio no sentido vertical. Transfira as gemas para uma tigela e separe as claras cozidas.

3. Misture os ingredientes restantes com as gemas e coloque a mistura em um saco de confeiteiro. (Como alternativa, use um saco com fecho hermético e corte a ponta.)

4. Recheie as claras cozidas com a mistura, salpique o bacon e a cebolinha e sirva frio.

OVOS DIABÓLICOS COM CAJUN

12 **ovos**
½ xícara (chá) de **maionese**
1 colher (sopa) de **mostarda de Dijon**
1 colher (sopa) de **tempero cajun**
½ **talo de aipo** picadinho
½ **pimentão amarelo** picadinho
1 colher (chá) de **molho de pimenta**, ou mais a gosto

PARA SERVIR
Páprica defumada
Cebolinha cortada em fatias finas

1. Coloque os ovos em uma panela e encha-a com água fria até cobri-los por completo. Deixe a água ferver, tampe a panela, retire-a do fogo e deixe descansar por cerca de 12 minutos.

2. Transfira os ovos para uma tigela com água gelada por cerca de 3 minutos, e então descasque-os e corte-os ao meio no sentido vertical. Transfira as gemas para uma tigela e separe as claras cozidas.

3. Misture os ingredientes restantes com as gemas e coloque a mistura em um saco de confeiteiro. (Como alternativa, use um saco com fecho hermético e corte a ponta.)

4. Recheie as claras cozidas com a mistura, salpique a páprica defumada e a cebolinha e sirva frio.

< CLÁSSICO

< CAJUN

< GUACAMOLE

Frigideira de carne assada com batata

SERVE 2 PESSOAS

PARA AS BATATAS

2 **batatas russet**

2 colheres (sopa) de **azeite**

1 colher (chá) de **sal**

1 colher (chá) de **alho em pó**

1 colher (chá) de **páprica picante**

PARA A CARNE ASSADA

1 colher (chá) de **sal**

½ colher (chá) de **pimenta-do-reino**

1 colher (chá) de **pimenta chili em pó**

½ colher (chá) de **orégano** seco

2 dentes de **alho** picadinhos

2 colheres (sopa) de **coentro** fresco picadinho

½ xícara (chá) de **suco de laranja** fresco

½ xícara (chá) de **suco de limão** fresco

200g de **fraldinha**

1 colher (sopa) de **óleo de canola**

½ xícara (chá) de **queijo parmesão**, **suíço** ou **muçarela** ralado

PARA SERVIR

Sour cream

Guacamole

Tomates picados

Folhas frescas de **coentro**

Queijo cotija ralado

Sejamos realistas — resolver a sua refeição com fast-food é simplesmente trabalhoso demais quando você precisa parar em *dois* lugares. Batatas e tacos juntos em uma frigideira cheia de queijo atingem a perfeição. Bônus: você pode servi-los na própria frigideira!

1 Preaqueça o forno a 230°C. Forre uma assadeira baixa com papel-manteiga.

2 Corte as batatas em gomos. Em uma tigela grande, misture as batatas, o azeite, o sal, o alho em pó e a páprica até que cada gomo esteja completamente coberto. Coloque as batatas na assadeira e asse-as por 30-35 minutos, ou até que estejam crocantes e bem douradas.

3 Em uma tigela média, misture o sal, a pimenta-do-reino, a pimenta chili, o orégano, o alho, o coentro, o suco de laranja e o suco de limão. Acrescente a fraldinha e deixe marinar por 20 minutos.

4 Aqueça uma frigideira de ferro fundido com o óleo de canola. Cozinhe a carne por 3 minutos de cada lado para obter um cozimento ao ponto. Retire do fogo e deixe descansar por 10 minutos antes de cortar a carne em cubos.

5 Em uma frigideira que possa ir ao forno, coloque as batatas assadas, o queijo e a carne em cubos e grelhe até que o queijo esteja derretido.

6 Antes de servir, coloque um pouco de sour cream, guacamole, tomates picados, coentro e queijo cotija ralado por cima.

Palitos de frango picante com muçarela

RENDE 16 UNIDADES

225g de **cream cheese** em temperatura ambiente

2 xícaras (chá) de **frango** cozido e desfiado

½ xícara (chá) de **molho picante buffalo**

2 xícaras (chá) de **queijo muçarela** ralado

1 xícara (chá) de **queijo cheddar** ralado

2 xícaras (chá) de **farinha de trigo**

6 **ovos** batidos

3 xícaras (chá) de **farinha de rosca temperada**

Óleo de amendoim ou **vegetal** para fritar

MISTURA PARA MOLHO RANCH

2 colheres (sopa) de **leitelho**

½ colher (chá) de **cebola em pó**

½ colher (chá) de **alho em pó**

½ colher (chá) de **salsinha desidratada**

¼ colher (chá) de **dill desidratado**

¼ colher (chá) de **cebolinha desidratada**

¼ colher (chá) de **sal kosher**

¼ colher (chá) de **pimenta-do--reino em pó**

Você não precisa improvisar aqui! Qualquer parte do frango cozido — seja a carne mais escura de perto do osso ou o peito, sem pele ou osso — vai funcionar. Está usando o freezer como ferramenta de cozimento? Genial. Enquanto os palitos resfriam, você está livre para assistir ao jogo (ou para fazer qualquer outra coisa). Sem dor de cabeça — essa receita é ótima para preparar durante um intervalo ou em qualquer outro momento.

1 Forre uma assadeira de 20x20cm com papel-manteiga.

2 Em uma tigela, misture com um garfo o cream cheese, o frango, o molho buffalo, os queijos e a mistura para molho ranch até que fique cremoso e totalmente misturado. Transfira para a assadeira forrada e alise com uma espátula para que espalhe. Leve ao freezer para endurecer por, no mínimo, 1 hora.

3 Trabalhando rapidamente, retire a mistura sólida da assadeira e corte-a em retângulos de 10x3cm. (Deve totalizar 16 pedaços.)

4 Um de cada vez, empane os palitos primeiro na farinha de trigo, depois no ovo batido e então na farinha de rosca. Mergulhe mais uma vez no ovo e, por fim, na farinha de rosca, e transfira-os para a assadeira.

5 Aqueça o óleo a 190ºC.

6 Com cuidado, coloque 3 ou 4 palitos empanados no óleo e frite por cerca de 30 segundos, até que fiquem dourados. Continue até que todos os palitos estejam fritos. Sirva-os quentes acompanhados do molho ranch.

Barquinhas de cachorro-quente com queijo e chili

SERVE 8 PESSOAS

8 **pães de cachorro-quente**

¼ de xícara (chá) de **manteiga** derretida

2 **dentes de alho** picadinhos

2 colheres (sopa) de **salsinha** fresca picadinha, e mais um pouco para servir

8 fatias de **queijo cheddar**

425g de **pimenta chili**, com ou sem semente (pode substituir por **dedo-de-moça**)

8 **salsichas**

Se fazer uma pequena barquinha de um pão de cachorro-quente para segurar chili e queijo borbulhantes não é a boa e velha inovação dos costumes americanos, não sabemos o que é. Cada ingrediente em si é um clássico da comfort-food, mas o todo é ainda melhor do que as partes. Se você não tiver fatias de queijo cheddar, substitua por 2 colheres (sopa) de queijo cheddar ralado em cada barquinha.

1 Preaqueça o forno a 180ºC.

2 Mantendo-os conectados, coloque os 8 pães em uma assadeira de 23x33cm. Corte um retângulo no miolo de cada pão, certificando-se de deixar 1cm de sobra nas bordas. Pressione os espaços cortados nos pães para deixá-los mais densos, tendo o cuidado de pressionar também as bordas. Isso vai ajudar a criar um espaço maior para o recheio e diminuir a bagunça.

3 Misture a manteiga, o alho e a salsinha em uma tigela pequena, e então pincele os pães e o interior deles com a manteiga de alho. Asse-os por 5 minutos para tostar, e também para firmar as barquinhas, de maneira que o peso do recheio não as desmonte.

4 Coloque uma fatia de queijo cheddar dentro de cada barquinha e depois um pouco de chili. Acomode uma salsicha por cima do chili em cada barquinha e cubra com mais chili.

5 Asse por 20-25 minutos, até que o queijo esteja gratinado e o chili comece a dourar. Salpique salsinha fresca por cima, e então desconecte as barquinhas umas das outras para servi-las.

Palitos fritos de macarrão com queijo

RENDE 30 UNIDADES

225g de **macarrão caracol**

4 colheres (sopa) de **manteiga**

2 e ¼ de xícara (chá) de **farinha de trigo**

2 xícaras (chá) de **leite**

1 colher (chá) de **sal**

½ colher (chá) de **pimenta-do-reino**

2 xícaras (chá) de **queijo cheddar**

Óleo de amendoim ou **vegetal**, para fritar

4 **ovos** batidos

2 xícaras (chá) de **farinha de rosca**

Não há palavras suficientes para expressar a perfeição de um macarrão com queijo, e esses palitos são básicos... só que não. Você já pode imaginar. Dica profissional: faça a mistura com antecedência, envolva bem firme em papel-filme e congele por até um mês; quando for usá-la, descongele até que consiga fatiar e siga com os passos para empanar e fritar. Delícia!

1 Ferva uma panela de água e cozinhe o macarrão caracol. Mexa ocasionalmente por 7 minutos ou até ficar al dente. Escorra e reserve.

2 Em uma panela no fogo médio-baixo, derreta a manteiga completamente, adicione ¼ de xícara (chá) de farinha de trigo e misture por 2 minutos para fazer um *roux* clarinho. Acrescente o leite e tempere com sal e pimenta. Mexa continuamente até que o molho esteja espesso. Aos poucos, adicione o queijo e mexa até ficar homogêneo. Por fim, junte o macarrão cozido e mexa até que esteja todo coberto.

3 Retire o macarrão do fogo e despeje em uma assadeira forrada com papel-manteiga. Espalhe de maneira uniforme e congele por 2 horas.

4 Preaqueça uma panela com óleo a 160ºC.

5 Corte o macarrão com queijo congelado em palitos de 7,5cm. Empane os palitos nas 2 xícaras (chá) restantes de farinha de trigo, em seguida no ovo e então na farinha de rosca. Frite os palitos por 2-3 minutos ou até ficarem dourados. Escorra-os em papel-toalha e salpique sal por cima. Sirva-os imediatamente.

Vulcões de batata

SERVE 6 PESSOAS

6 **batatas russet** grandes

3 xícaras (chá) de **queijo cheddar** ralado

225g de **cream cheese** em temperatura ambiente

1 xícara (chá) de **cebolinha** picadinha

12 fatias de **bacon**

PARA SERVIR

Sour cream

Cebolinha picadinha

Se você tiver uma batata e um boleador de frutas (ou até uma colher de chá), tem o necessário para fazer essas torres de batata envolvidas em bacon. Cave, recheie e grelhe, e você estará próximo de uma batata perfeita.

1 Preaqueça o forno na função grill a 200ºC.

2 Lave minuciosamente as batatas e faça alguns furos nelas para que cozinhem mais rápido. Envolva-as em papel-alumínio e leve-as ao forno por 20 minutos.

3 Enquanto isso, misture bem a metade do queijo cheddar com o cream cheese e a cebolinha. Reserve.

4 Retire as batatas do forno e deixe-as descansar até que estejam frias o suficiente para serem manuseadas. Tire o papel-alumínio de cada batata e corte as pontas para que possam ficar de pé. Com um boleador ou uma colher, cave e descarte o miolo de cada batata, tomando cuidado para não deixar as paredes finas demais, e mantendo o fundo mais espesso. Recheie as batatas com a mistura de queijo e envolva-as com duas fatias de bacon cada. Prenda o bacon com um palito, se necessário.

5 Diminua a temperatura do forno para 180ºC e coloque as batatas na assadeira. Deixe assar por 30 minutos.

6 Após esse tempo, cubra as batatas com o restante de queijo cheddar e asse por mais 15 minutos. Antes de servir, decore com uma colherada de sour cream e um pouco de cebolinha.

Coxinhas de camarão

RENDE 15 UNIDADES

PARA O CAMARÃO

15 **camarões** crus

Sal, para temperar

Pimenta-do-reino, para temperar

PARA A MASSA

3 **batatas russet**

1 colher (sopa) de **manteiga**

1 **gema**

2 colheres (chá) de **sal**

2 colheres (chá) de **pimenta-do-reino**

2 colheres (chá) de **páprica picante**

2 colheres (chá) de **alho em pó**

Farinha de trigo, se a massa estiver muito úmida

OUTROS INGREDIENTES

Farinha de trigo

Ovo

Panko

Óleo, para fritar

Nós amamos os clássicos, então considere essa receita uma homenagem à perfeição da coxinha. Esse salgadinho já é ótimo, mas sua união com o camarão é um detalhe que só melhora o nosso tradicional petisco. Pode acreditar: todo mundo vai implorar para você fazer essas coxinhas de novo.

1 Descasque os camarões (mantenha o rabo) e tempere-os com sal e pimenta.

2 Cozinhe as batatas, amasse-as em pedacinhos e adicione a manteiga e a gema. (Se a textura da massa estiver muito úmida, polvilhe um pouco de farinha de trigo.)

3 Misture até a massa dar liga, então adicione o sal, a pimenta, a páprica e o alho em pó, e misture bem.

4 Pegue cerca de ⅓ de xícara (chá) de massa, molde em formato de bola, faça um buraco no meio e coloque um camarão dentro. Cubra bem o camarão (deixando o rabo de fora) e molde em formato de coxinha.

5 Passe a coxinha na farinha de trigo, depois no ovo batido e, por último, na farinha panko, certificando-se de que a coxinha esteja bem coberta pelos três ingredientes. Se necessário, leve as coxinhas à geladeira antes de fritá-las.

Espetinho de frango satay

SERVE 4 PESSOAS

PARA A MARINADA

¾ de xícara (chá) de **manteiga de amendoim cremosa**

¾ de xícara (chá) de **leite de coco**

4 **cebolinhas** picadas grosseiramente

3 **dentes de alho** descascados

Um pedaço de 5cm de **gengibre** descascado

2 **pimentas Serrano** frescas, picadas grosseiramente

1 colher (chá) de **curry em pó**

1 colher (chá) de **cominho**

1 colher (chá) de **cúrcuma**

1 colher (chá) de **sal**

2 colheres (sopa) de **molho de soja**

Suco de 1 **limão**

8 **sobrecoxas de frango desossadas e sem pele**, cortadas em cubos

PARA O MOLHO

½ xícara (chá) de **amendoim** picado

½ xícara (chá) de **leite de coco**

Espetinhos de bambu ou **de madeira**

Se em algum momento você pensou em como poderia fazer esse popular prato da Indonésia, você está com sorte! Ele começa com uma marinada de amendoim com pimenta fresca e gengibre (você pode substituir por 1 colher de chá de pimenta calabresa e 2 colheres de chá de gengibre em pó). Apesar de ser delicioso depois de 2 horas de marinado, deixá-lo descansando durante a noite vai fazer com que o seu frango fique incrivelmente saboroso e macio. Bônus: a marinada reservada é fervida com um cremoso leite de coco, criando um molho espesso que vai obrigar você a dispensar a cerimônia e mergulhar seu espetinho nele várias vezes.

1 Em um processador, bata todos os ingredientes da marinada até que virem uma pasta cremosa; deve render cerca de 2 xícaras. Reserve a metade da marinada e despeje a outra metade sobre o frango. Misture e deixe descansar por 2 horas ou durante a noite.

2 Preaqueça o forno a 220ºC. Forre uma assadeira baixa com papel-manteiga.

3 Espete os quadradinhos do frango marinado em espetinhos de bambu, e então arrume-os de forma que as pontas estejam apoiadas na borda da assadeira, deixando o frango suspenso. Asse os espetinhos de frango por 15-20 minutos, até que estejam dourados nas pontas e cozidos por dentro.

4 Sem colocar óleo na panela, toste os amendoins picados em fogo médio-baixo, mexendo constantemente até que fiquem bem dourados, de 2-3 minutos. Adicione a marinada reservada e o leite de coco. Mexa e cozinhe até engrossar e ficar bem aromático, de 5-10 minutos.

5 Sirva os espetinhos de frango acompanhados do molho.

Copinhos de burrito

RENDE 12 UNIDADES

PARA O RECHEIO

2 colheres (sopa) de **azeite**

1 **cebola** picadinha

1 e ½ xícara (chá) de **frango** picado

Sal e **pimenta-do-reino** a gosto

2 **dentes de alho** picadinhos

PARA O MIX DE ESPECIARIAS DO BURRITO

1 colher (chá) de **pimenta chili em pó**

½ colher (chá) de **páprica picante**

1 colher (chá) de **cominho**

½ colher (chá) de **alho em pó**

½ colher (chá) de **pimenta caiena em pó**

1 **tomate** em cubinhos

6 tortillas de **farinha**

¼ de xícara (chá) de **feijão refrito**

¼ de xícara (chá) de **arroz** cozido

½ xícara (chá) de **queijo cheddar** ralado

PARA SERVIR

Sour cream

Guacamole

Molho salsa

Coentro fresco picado

O segredo deste prato assado feito em camadas tem três palavras: mix, especiarias, burrito. Uma coleção de hits dos sabores mexicanos, incluindo cominho, pimenta caiena e pimenta chili em pó, este mix transforma tudo o que toca — nesse caso, o frango, o arroz, a cebola e o feijão refrito — em festa. Fazer camadas das tortillas na forma de muffin é como criar um projeto de arte. Um outro lembrete de que comida deve ser algo divertido.

1 Preaqueça o forno a 180°C. Unte com óleo uma forma de muffin de 12 unidades.

2 Aqueça uma frigideira grande em fogo médio. Acrescente o azeite e a cebola e refogue até que fique translúcida, de 3-5 minutos. Adicione os pedaços de frango, tempere com sal e pimenta e cozinhe até que fiquem dourados, por cerca de 5 minutos. Coloque o alho e continue cozinhando por mais 2 minutos. Retire do fogo e transfira para uma tigela.

3 Misture todos os ingredientes do mix de especiarias do burrito, e então adicione-o ao frango. Acrescente os tomates em cubos e mexa bem.

4 Empilhe as 6 tortillas. Corte-as em formato quadrado, e depois corte o quadrado em quatro.

5 Na forma preparada de muffin, coloque um quadrado de tortilla em cada cavidade e pressione. Acrescente outra camada de tortilha por cima de cada cavidade, formando uma estrela. Espalhe um pouco de feijão refrito no fundo de cada copinho, adicione um pouco de arroz cozido e então a mistura de frango. Cubra cada copinho com queijo cheddar. Asse por 15 minutos, até que as tortillas estejam douradas e crocantes, e o queijo, derretido.

6 Sirva os copinhos acompanhados de sour cream, guacamole, molho salsa e coentro.

Gratinado de pimenta jalapeño

SERVE DE 4 A 6 PESSOAS

4 **pimentas jalapeño** ou 115g de **pimenta jalapeño em conserva**

225g de **cream cheese** em temperatura ambiente

1 xícara (chá) de **sour cream**

2 xícaras (chá) de **queijo cheddar** ralado

1 xícara (chá) de **queijo parmesão** ralado

½ xícara (chá) de **farinha de rosca grossa de pão italiano**

4 colheres (sopa) de **manteiga** derretida

1 colher (sopa) de **salsinha** desidratada

Pão ou **chips de tortilla**, para servir

Pimentas jalapeño frescas podem ser bombas incendiárias comestíveis, e é por isso que assá-las nessa receita é tão essencial. Isso traz à tona o lado delicado e saboroso delas, perfeito para misturar com acompanhamentos versáteis, como sour cream e cream cheese — ambos suavizam a ardência da pimenta. Um pouco de queijo e uma camada crocante de farinha de rosca por cima realmente tornam esse prato um sucesso.

1 Preaqueça o forno a 180°C. Se estiver usando as pimentas jalapeño frescas, corte-as ao meio, remova as sementes e arrume-as em uma assadeira com a parte cortada virada para baixo. Asse por 1-2 minutos, até que a pele escureça e forme bolhas. Retire do forno. Quando esfriar o suficiente para manusear, retire a pele e descarte-a, e então corte as pimentas em cubos. Reserve.

2 Aumente a temperatura do forno para 200°C.

3 Em uma tigela média, misture o cream cheese e o sour cream. Adicione o queijo cheddar, ¾ do queijo parmesão e os cubos de pimenta jalapeño. Misture bem. Em outra tigela média, misture a farinha de rosca, a manteiga derretida, o restante do queijo parmesão e a salsinha.

4 Despeje a mistura de pimenta em uma assadeira de 20x20x5cm ou em uma panela média de ferro fundido e espalhe de maneira uniforme. Cubra com a farinha de rosca.

5 Asse por 20 minutos ou até que esteja quente e a farinha esteja bem dourada. Sirva com pão ou chips de tortillas.

COZINHA DO CAMPO

sanduichinhos em quatro versões 32 rolinhos de *fajita* de carne 34 churrasquinho de frango na cerveja 35 batata--tornado 37 costelinha assada com vegetais 38 tacos de porco no estilo mexicano 41 hot dog no espeto com queijo e pimenta 42 sanduíche de frango frito 45

Sanduichinhos em quatro versões

CADA RECEITA RENDE 12 UNIDADES

Com sanduichinhos, a diversão é garantida. No café da manhã, no almoço, no lanche da tarde ou no jantar — você decide qual sanduichinho quer servir e quando. Melhor ainda... sirva todos.

FRANGO COM PARMESÃO

- 12 **pãezinhos de leite** ou **briochinhos**
- 3 xícaras (chá) de **frango assado** desfiado
- ½ xícara (chá) de **molho marinara**
- 225g de **queijo muçarela** fresco cortado em fatias
- ¼ de xícara (chá) de **manjericão** fresco picado
- ½ xícara (chá) de **manteiga** derretida
- 3 **dentes de alho** bem picadinhos
- 2 colheres (sopa) de **salsinha** fresca bem picadinha
- 2 colheres (sopa) de **queijo parmesão** ralado

1. Preaqueça o forno a 180ºC.
2. Corte os pães ao meio no sentido horizontal. Coloque as metades de baixo em uma assadeira baixa de 23x33cm. Espalhe o frango por cima, seguido do molho marinara, do queijo muçarela e do manjericão. Cubra com as metades de cima dos sanduíches.
3. Misture a manteiga derretida com o alho, a salsinha e o queijo parmesão. Pincele essa mistura por cima dos pãezinhos. Asse por 20 minutos ou até que estejam bem dourados. Separe-os se estiverem grudados e sirva.

FRANGO BARBECUE

- 12 **pãezinhos de leite** ou **briochinhos**
- 3 xícaras (chá) de **frango** cozido desfiado
- ½ xícara (chá) de **molho barbecue**
- ½ **cebola roxa** cortada em fatias fininhas
- 6 fatias de **queijo parmesão**, **suíço** ou **muçarela**
- ¼ de xícara (chá) de **salsinha** fresca bem picadinha
- 2 colheres (sopa) de **manteiga**

1. Preaqueça o forno a 180ºC.
2. Corte os pães ao meio no sentido horizontal. Coloque as metades de baixo em uma assadeira baixa de 23x33cm. Espalhe o frango por cima, seguido do molho barbecue, da cebola roxa, do queijo e da salsinha. Cubra com as metades de cima dos sanduíches.
3. Pincele os pãezinhos com a manteiga derretida. Asse por 20 minutos ou até que estejam bem dourados. Separe-os se estiverem grudados e sirva.

FRANGO COM PARMESÃO

FRANGO BARBECUE

CHEESEBURGER

900g de **carne moída bovina**
1 colher (chá) de **sal**
2 colheres (chá) de **pimenta-do-reino**
2 colheres (chá) de **alho em pó**
½ **cebola branca** cortada em cubinhos
6 fatias de **queijo cheddar**
12 **pãezinhos de leite** ou **briochinhos**
2 colheres (sopa) de **manteiga** derretida
1 colher (sopa) de **gergelim**

1. Preaqueça o forno a 180°C.
2. Misture a carne moída, o sal, a pimenta e o alho em pó em uma assadeira de 23x33cm, mexendo bem e pressionando em uma camada uniforme e lisa. Asse por 20 minutos. Escorra o líquido e reserve a carne cozida.
3. Corte os pães ao meio no sentido horizontal. Coloque as metades de baixo na mesma assadeira. Coloque a carne cozida por cima, seguida da cebola e do queijo. Cubra com as metades de cima dos sanduíches.
4. Pincele os pãezinhos com a manteiga e salpique o gergelim. Asse por 20 minutos ou até que estejam bem dourados. Separe-os se estiverem grudados e sirva.

SANDUICHINHOS DA MANHÃ

12 **pãezinhos de leite** ou **briochinhos**
9 **ovos** mexidos
6 fatias de **presunto**
6 fatias de **queijo prato**
6 fatias de **bacon** frito
85g de **espinafre baby**
2 colheres (sopa) de **manteiga** derretida
1 colher (chá) de **pimenta-do-reino**

1. Preaqueça o forno a 180°C.
2. Corte os pães ao meio no sentido horizontal. Coloque as metades de baixo em uma assadeira de 23x33cm. Espalhe os ovos por cima, seguidos do presunto, do queijo, do bacon e do espinafre. Cubra com as metades de cima dos sanduíches.
3. Pincele os pãezinhos com a manteiga derretida e polvilhe pimenta-do-reino. Asse por 20 minutos ou até que estejam bem dourados. Separe-os se estiverem grudados e sirva.

CHEESEBURGER

SANDUICHINHO DA MANHÃ

Rolinhos de *fajita* de carne

SERVE 3 PESSOAS

2 colheres (sopa) de **azeite**, para refogar

1 **cebola** cortada em fatias

3 **dentes de alho** picados

½ **pimentão verde** cortado em fatias

½ **pimentão vermelho** cortado em fatias

½ **pimentão amarelo** cortado em fatias

PARA TEMPERAR

½ colher (chá) de **pimenta chili em pó**

½ colher (chá) de **páprica picante**

⅛ de colher (chá) de **pimenta caiena em pó**

½ colher (chá) de **cominho**

½ colher (chá) de **alho em pó**

½ colher (chá) de **orégano** seco

½ colher (chá) de **sal**

½ colher (chá) de **pimenta--do-reino**

700g de **fraldinha**, cortada em uma peça fina

½ xícara (chá) de **queijo parmesão**, **suíço** ou **muçarela** ralado

Palitos longos ou **espetinhos de madeira**

Ouvir o barulho de carne cozinhando na panela desperta o carnívoro que há em todos nós, e não poderia ser melhor do que com queijo, temperos e pimenta. Funciona com palitos longos ou com espetinhos curtos — apenas se certifique de que eles estejam bem firmes e não se desmontem.

1 Preaqueça o forno a 180ºC.

2 Aqueça uma frigideira grande que possa ir ao forno em fogo médio e adicione o azeite. Refogue a cebola, o alho e os pimentões até ficarem macios, por cerca de 5 minutos.

3 Em um prato, misture a pimenta chili em pó, a páprica, a pimenta caiena, o cominho, o alho em pó, o orégano, o sal e a pimenta-do-reino e use para temperar a carne dos dois lados. Coloque a carne em uma tábua de corte com a fibra no sentido vertical. Coloque a cebola e os pimentões refogados no meio da peça da carne, deixando 2,5cm em cada lado. Cubra as cebolas e os pimentões com uma camada de queijo.

4 Enrole a carne bem firme da esquerda para a direita; isso vai garantir que você corte a carne contra a fibra quando for fatiá-la. Insira os palitos de ponta a ponta para ajudar a segurar o formato, e use uma faca afiada para cortar entre eles.

5 Retorne a frigideira ao fogo alto, adicione a carne e sele-a até uma crosta se formar, por cerca de 3 minutos. Vire e repita do outro lado. Transfira a frigideira para o forno e asse por 10 minutos, ou até que esteja no ponto da sua preferência.

Churrasquinho de frango na cerveja

SERVE 4 PESSOAS

PARA O TEMPERO

⅓ de xícara (chá) de **açúcar mascavo**

2 colheres (chá) de **cebola em pó**

2 colheres (chá) de **alho em pó**

1 colher (chá) de **mostarda em pó**

2 colheres (chá) de **páprica defumada**

1 colher (chá) de **pimenta- -do-reino**

2 colheres (chá) de **estragão seco**

2 colheres (chá) de **sal**

PARA O FRANGO

1 **frango** inteiro de 2,3kg com os miúdos removidos

1 lata de **cerveja**

½ xícara (chá) de **molho barbecue**

A mais humilde das cervejas garante o frango mais suculento da história. Seja lá quem for que descobriu isso, merece um prêmio do calibre do Nobel. Prepare-se para beber meia lata de cerveja; isso vai deixar você no clima para usar a outra metade — o que sobrou na lata — para fazer o churrasquinho de frango mais saboroso que já provou. Qualquer cerveja serve, mas se você estiver sem beber álcool, dispense a cerveja — use meia lata de caldo de frango para conseguir o mesmo efeito.

1. Em uma tigela, coloque o açúcar mascavo, a cebola em pó, o alho em pó, a mostarda em pó, a páprica, a pimenta-do-reino, o estragão e o sal e misture bem. Use metade da mistura para temperar o frango todo. Cubra com papel-filme e leve à geladeira por, no mínimo, 2 horas, ou durante a noite.

2. Preaqueça o forno na função grill a 180ºC.

3. Retire o frango da geladeira e tempere com o restante da mistura de temperos. Descarte meia lata de cerveja. Despeje o restante da bebida na cavidade do frango e mantenha-o de pé.

4. Leve o frango ao forno por 30-40 minutos. Besunte o frango com molho barbecue e cozinhe por mais 10-15 minutos, até que a temperatura interna chegue a 75ºC.

5. Retire o frango do forno e deixe-o descansar por 15 minutos antes de cortá-lo.

Batata-tornado

RENDE 2 UNIDADES

2 **batatas** médias

4 colheres (sopa) de **manteiga** derretida

1 xícara (chá) de **queijo parmesão** ralado, e mais um pouco para servir

½ colher (chá) de **pimenta--do-reino**

1 colher (chá) de **alho em pó**

1 colher (chá) de **páprica picante**

1 colher (chá) de **sal**

Salsinha picada, para servir

Espetinhos de madeira

Até aqueles de nós com pouquíssima experiência com facas vão se sentir como chefs renomados depois de esculpir caracóis em uma simples batata. Crave as batatas nos espetinhos e vá cortando-as em caracol com uma faca afiada. Fazer isso com a batata cria todos os espaços e todas as cavidades necessários para temperar com manteiga (manteiga é demais!), queijo e condimentos antes de deixá-la crocante. Pense nelas como se fossem chips de batata em um palito.

1 Preaqueça o forno a 160ºC.

2 Leve as batatas ao micro-ondas por 1-1min30, e então deixe que descansem por alguns minutos para esfriarem e ficarem macias. Insira um espeto de madeira na ponta de cada uma das batatas, no sentido vertical, e empurre delicadamente até sair do outro lado. Em um movimento espiral, de um lado para o outro, segure uma faca fina e afiada em um determinado ângulo e corte na direção oposta que estiver girando a batata no espeto, fazendo um talho ao redor de toda a batata, até o final do espeto. Faça isso com calma e tente fazer um espiral fino e uniforme por toda a batata.

3 Com delicadeza, separe um pouco as tiras ao longo das batatas, até que tenha um espaço uniforme entre elas. Pincele a manteiga derretida.

4 Em uma tigela média, junte o queijo parmesão, a pimenta-do-reino, o alho em pó, a páprica e o sal. Coloque as batatas sobre a tigela e salpique a metade da mistura sobre elas até que estejam completamente cobertas. Com cuidado, coloque as batatas em uma assadeira, apoiando os espetos nas laterais, de forma que as batatas fiquem suspensas.

5 Asse de 25-30 minutos, ou até que estejam lindas e douradas. Decore com mais queijo parmesão e salsinha. Deixe esfriar por 5 minutos antes de servir.

Costelinha assada com vegetais

SERVE DE 2 A 4 PESSOAS

1 **costelinha** inteira dividida ao meio

2 colheres de chá de **cominho**

2 colheres de chá de **pimenta chili em pó**

1 colher de chá de **pimenta**

2 colheres de chá de **alho em pó**

2 colheres de chá de **sal**

2 colheres de chá de **páprica**

1 xícara (chá) de **molho barbecue**

3 **espigas de milhos**, descascadas e cortadas ao meio

10-15 talos de **aspargo**

4 colheres de chá de **azeite de oliva**

2 colheres de chá de **sal**

½ colher de chá de **pimenta**

Tudo que podemos dizer sobre essa costelinha que dissolve na boca é: MEU. DEUS. DO. CÉU. E é *fácil*. A preparação é rápida, com vegetais como acompanhamento (nós adoramos uma refeição balanceada). Esse é um prato completo que está destinado a impressionar.

1 Preaqueça o forno a 135°C.

2 Coloque as costelinhas cortadas ao meio em uma assadeira forrada com papel-alumínio. Espalhe o cominho, a pimenta chili em pó, a pimenta, o alho em pó, o sal e a páprica. Esfregue o tempero uniformemente em ambos os lados.

3 Cubra com o alumínio e deixe assando por 2 horas.

4 Aumente a temperatura do forno para 260°C.

5 Retire as costelinhas do papel-alumínio e coloque na assadeira. Espalhe o molho barbecue uniformemente por cima.

6 Coloque o milho de um lado da assadeira e o aspargo no outro. Regue com azeite de oliva e adicione sal e pimenta nos vegetais, esfregando o tempero de maneira uniforme.

7 Deixe assando por 10 minutos. Deixe a costelinha descansando por ao menos 10 minutos.

8 Corte e sirva!

Tacos de porco no estilo mexicano

RENDE DE 10 A 12 UNIDADES

2,3kg de **copa-lombo suína**

3 colheres (sopa) de **colorau**

2 colheres (sopa) de **pimenta guajillo em pó**

1 colher (sopa) de **alho em pó**

1 colher (sopa) de **orégano**

1 colher (sopa) de **cominho**

1 colher (sopa) de **sal**

1 colher (sopa) de **pimenta--do-reino**

¾ de xícara (chá) de **vinagre de álcool**

1 xícara (chá) de **suco de abacaxi**

1 **abacaxi** descascado e cortado em fatias de 2,5cm

PARA SERVIR

10 a 12 **tortillas de milho**

1 **cebola branca** picadinha

1 xícara (chá) de **coentro** fresco picadinho

1 xícara (chá) de **molho salsa**

1 **abacate** cortado em cubos

Limão em gomos

1 **espeto de madeira** grosso, cortado na altura do seu forno

Se você está em busca de maciez, esse porco suculento marinado no abacaxi é a escolha certa. O colorau ajuda a dar à carne cor e sabor autênticos.

1 Corte a peça de copa-lombo em fatias de cerca de 1cm, e então transfira-as para uma tigela ou um prato grande. Em outra tigela, junte o colorau, a pimenta *guajillo*, o alho em pó, o orégano, o cominho, o sal, a pimenta--do-reino, o vinagre e o suco de abacaxi, mexendo e misturando até ficar cremoso, sem bolinhas. Despeje a marinada sobre as fatias de porco e misture para garantir que a carne esteja coberta por todos os lados. Cubra a tigela com papel-filme e leve à geladeira por, no mínimo, 2 horas, ou até 3 dias.

2 Preaqueça o forno a 180°C. Forre uma assadeira com papel-manteiga ou papel-alumínio.

3 Coloque uma ou duas fatias de abacaxi na assadeira. Pegue um espeto de madeira e passe pelo meio do abacaxi. Retire a carne de porco da geladeira e enfie as fatias no espeto, arrumando uma após a outra, até que o último pedaço fique a 2,5cm da ponta. Coloque outra fatia de abacaxi no topo.

4 Asse por cerca de 1h30min, até que a carne esteja levemente queimada nas laterais e bem avermelhada. Deixe a carne descansar por cerca de 10 minutos, e então retire as fatias assadas de carne e de abacaxi do espeto.

5 Para arrumar os tacos, coloque um pouco de carne sobre as tortillas, seguida de alguns pedaços de abacaxi, um pouquinho de cebola, uma pitada de coentro, uma colherada de molho salsa e alguns cubos de abacate. Sirva com gomos de limão.

Hot dog no espeto com queijo e pimenta

RENDE 4 UNIDADES

4 **salsichas**

4 fatias finas de **queijo cheddar** em temperatura ambiente

1 xícara (chá) de **farinha de trigo**

1 xícara (chá) de **fubá**

¼ de xícara (chá) de **açúcar**

4 colheres (chá) de **fermento em pó**

¼ de colher (chá) de **sal**

⅛ de colher (chá) de **pimenta--do-reino**

1 xícara (chá) de **leite**

1 **ovo**

1 **pimenta jalapeño** picadinha

Óleo de amendoim ou **vegetal**, para fritar

Mostarda, para servir

Espetos de madeira

Comidas no espeto nos alegram de diversas maneiras. Exemplo 1: o hot dog de massa de fubá, uma iguaria das feiras americanas, é incrivelmente fácil de fazer. Essa versão é como um pão de milho com salsicha e queijo, tudo junto em um irresistível espeto. Nota: Se a massa não estiver grudenta o suficiente, passe as salsichas congeladas em um pouco de farinha de trigo.

1 Coloque uma salsicha em cima de uma fatia de queijo e faça um enroladinho. Enfie um espeto de madeira na salsicha enrolada com queijo e coloque-a em uma assadeira com a ponta do queijo virada para baixo. Repita o processo com as salsichas restantes. Congele por 20 minutos.

2 Em uma tigela grande, adicione os ingredientes secos e mexa. Uma vez bem misturados, acrescente o leite, o ovo e a pimenta jalapeño. Misture até que a massa esteja cremosa e sem bolinhas. Pode ser que você precise acrescentar 1 ou 2 colheres (sopa) de farinha; a massa deve ficar grudenta o suficiente para envolver a salsicha. Despeje-a em um copo alto para facilitar na hora de mergulhar as salsichas.

3 Preaqueça o óleo a 180ºC.

4 Segurando na ponta do espeto, pegue uma salsicha congelada e mergulhe-a completamente na massa, depois levante-a e gire para tirar o excesso de massa. Com uma pinça, coloque delicadamente a salsicha envolvida na massa dentro do óleo quente. Segure-a totalmente submersa por 30-60 segundos, até que uma crosta se forme, e então gire-a dentro da panela para que a fritura fique uniforme. Cozinhe de 3-5 minutos, ou até que esteja bem douradinha. Repita o processo com as salsichas restantes.

Sanduíche de frango frito

RENDE 8 UNIDADES

PARA A MARINADA DE IOGURTE

2 xícaras (chá) de **iogurte natural**

1 colher (chá) de **sal**

1 colher (chá) de **pimenta-do-reino**

½ colher (chá) de **pimenta caiena em pó**

8 **sobrecoxas de frango** desossadas e sem pele

PARA O MOLHO DE DILL

1 e ½ xícara (chá) de **iogurte grego integral**

3 colheres (sopa) de **dill fresco** picadinho

1 colher (chá) de **alho em pó**

2 colheres (sopa) de **suco de limão** fresco

¼ de xícara (chá) de **queijo parmesão** ralado

PARA A FARINHA TEMPERADA

2 xícaras (chá) de **farinha de trigo**

1 colher (sopa) de **sal**

2 colheres (chá) de **pimenta-do-reino**

1 e ½ colheres (chá) de **pimenta caiena em pó**

1 colher (sopa) de **alho em pó**

Óleo de amendoim ou **vegetal**, para fritar

PARA SERVIR

Manteiga em temperatura ambiente, para pincelar os pães

8 **pães de hambúrguer**

Alface americana

2 **tomates** cortados em fatias

Com uma dose saudável de pimenta caiena tanto na marinada quanto na farinha para empanar, esse sanduíche une sabor picante com crocância. O filé de frango suculento por cima da alface e a fatia de tomate sobre o pão já seriam incríveis, mas o molho de iogurte com limão e dill coloca esse prato no topo das delícias.

1 Em uma tigela média, misture todos os ingredientes da marinada de iogurte. Mergulhe as sobrecoxas de frango para envolvê-las. Deixe marinar por, no mínimo, 1 hora na geladeira, ou durante a noite.

2 Em uma tigela pequena, misture todos os ingredientes do molho de dill. Cubra e deixe descansar por, no mínimo, 1 hora na geladeira.

3 Em uma tigela média, misture todos os ingredientes da farinha temperada. Passe o frango marinado na farinha até que esteja completamente coberto.

4 Aqueça o óleo a 180°C em uma panela funda. Não coloque óleo além da metade da panela. Com cuidado, frite o frango por 7 minutos ou até que esteja cozido. A temperatura interna deve alcançar 75°C, e o frango deve estar bem dourado e crocante. Deixe escorrer em um prato forrado com papel-toalha ou em uma grade.

5 Aqueça uma frigideira grande. Pincele manteiga nas duas metades dos pães e doure-os na frigideira quente até ficarem crocantes. Monte os sanduíches com os pães dourados, a alface, o frango frito, as fatias de tomate e o molho de dill.

DOCES

bolo furado em quatro versões 48 rocambole gigante de canela 52 brigadeiro 56 rosa de caramelo — torta de maçã 59 copinhos de tortilla 60 *sorbet* de manga 62 trufa de chocolate branco com pedaços 63 churros 64 macarons de cheesecake de morango 65

Bolo furado em quatro versões

CADA RECEITA RENDE 12 UNIDADES

Não tente problematizar aqui: esses bolinhos cheios de sabor são simples, diferentes e deliciosos.

BOLO FURADO DE CHOCOLATE

1 **bolo de chocolate** fresco (caseiro ou de pacote)

1 lata (395g) de **doce de leite** morno

1 lata (450g) de **cobertura de chocolate**

½ xícara (chá) de **nozes-pecã** picadas

½ xícara (chá) de **minigotas de chocolate**

Calda de caramelo a gosto

1 Com o cabo de uma colher de pau, faça pelo menos 3 linhas com 4 furos cada no bolo, resultando em, no mínimo, 12 furos. Despeje o doce de leite por cima do bolo e deixe que penetre nos furos por cerca de 10 minutos. Um pouco do doce de leite não vai penetrar no bolo, é assim mesmo. Se necessário, pode ser reaquecido ou misturado com um pouco de leite para ficar menos espesso.

2 Espalhe a cobertura de chocolate de maneira uniforme por cima do bolo. Salpique as nozes-pecã picadas e as minigotas de chocolate por cima da cobertura e regue com a calda de caramelo. Deixe o bolo esfriar por, no mínimo, 3 horas, ou durante a noite.

BOLO FURADO DE BANANA COM MANTEIGA DE AMENDOIM

1 **bolo branco** fresco (caseiro ou de pacote)

4 **bananas**, 2 amassadas e 2 fatiadas

1 e ½ xícara (chá) de **manteiga de amendoim** cremosa derretida

1 lata (395g) de **leite condensado**

225g de **chantilly**

½ xícara (chá) de **amendoim torrado** e picado

1 Com o cabo de uma colher de pau, faça pelo menos 3 linhas com 4 furos cada no bolo, resultando em, no mínimo, 12 furos.

2 Em uma tigela grande, misture as 2 bananas amassadas, 1 xícara (chá) da manteiga de amendoim derretida e o leite condensado; se necessário, adicione um pouco de leite para afinar a mistura. Despeje por cima do bolo e deixe que penetre nos furos por cerca de 10 minutos. Um pouco da mistura não vai penetrar no bolo, é assim mesmo.

3 Espalhe o chantilly de maneira uniforme sobre o bolo. Coloque as bananas fatiadas por cima, regue com a ½ xícara (chá) restante de manteiga de amendoim derretida e salpique o amendoim torrado. Deixe o bolo esfriar por, no mínimo, 3 horas, ou durante a noite.

BOLO FURADO DE COOKIES 'N' CREAM

1 **bolo de chocolate** fresco (caseiro ou de pacote)

1 pacote de **mistura para pudim sabor baunilha**

1 xícara (chá) de **leite**

225g de **chantilly**

1 xícara (chá) de **cookies de chocolate** quebrados, e mais um pouco para colocar por cima

1 lata (395g) de **leite condensado**

1. Com o cabo de uma colher de pau, faça pelo menos 3 linhas com 4 furos cada no bolo, resultando em, no mínimo, 12 furos.

2. Em uma tigela grande, junte o pacote da mistura para pudim e o leite, e bata até que não fique com nenhuma bolinha. Adicione o chantilly e os cookies de chocolate quebrados. Mexa até que estejam bem incorporados e reserve.

3. Despeje o leite condensado por cima do bolo e deixe que penetre nos furos por cerca de 10 minutos. Um pouco não vai penetrar no bolo, é assim mesmo.

4. Espalhe a mistura de pudim de maneira uniforme sobre o bolo. Salpique um pouco mais de cookies quebrados por cima. Deixe o bolo esfriar por, no mínimo, 3 horas, ou durante a noite.

BOLO FURADO DE CHEESECAKE COM FRUTAS VERMELHAS

1 **bolo de baunilha** fresco (caseiro ou de pacote)

2 xícaras (chá) de **morangos**, com os cabinhos removidos

225g de **cream cheese** em temperatura ambiente

1 lata (395g) de **leite condensado**

1 xícara (chá) de **amoras pretas** amassadas

1 xícara (chá) de **framboesas** amassadas

225g de **chantilly**

Biscoito cream cracker quebrado, para colocar por cima

Morangos, **amoras** e **framboesas** em fatias, para colocar por cima

1. Com o cabo de uma colher de pau, faça pelo menos 3 linhas com 4 furos cada no bolo, resultando em, no mínimo, 12 furos.

2. Em uma tigela grande, amasse os morangos com um amassador de batatas ou com um garfo, até que virem uma polpa. Adicione o cream cheese e o leite condensado, batendo até que fique sem bolinhas. Acrescente as amoras e as framboesas amassadas; misture somente uma ou duas vezes, para que as cores se mantenham separadas. Despeje a mistura por cima do bolo e deixe que penetre nos furos por cerca de 10 minutos. Um pouco não vai penetrar no bolo, é assim mesmo.

3. Espalhe o chantilly de maneira uniforme sobre o bolo. Salpique as bolachas quebradas por cima e adicione as frutas vermelhas fatiadas. Deixe o bolo esfriar por, no mínimo, 3 horas, ou durante a noite.

CHOCOLATE >

< BANANA COM MANTEIGA DE AMENDOIM

< COOKIES 'N' CREAM

CHEESECAKE COM FRUTAS VERMELHAS >

Rocambole gigante de canela

SERVE 12 PESSOAS

PARA A MASSA

½ xícara (chá) de **manteiga sem sal** derretida, e mais um pouco para untar a panela

2 xícaras (chá) de **leite integral** morno

½ xícara (chá) de **açúcar refinado**

1 pacote de **fermento biológico seco**

5 xícaras (chá) de **farinha de trigo**

1 colher (chá) de **fermento em pó**

2 colheres (chá) de **sal**

PARA O RECHEIO

¾ de xícara (chá) de **manteiga** em temperatura ambiente

¾ de xícara (chá) de **açúcar mascavo**

2 colheres (sopa) de **canela em pó**

PARA A COBERTURA

115g de **cream cheese** em temperatura ambiente

2 colheres (sopa) de **manteiga** derretida

2 colheres (sopa) de **leite integral**

1 colher (chá) de **extrato de baunilha**

1 xícara (chá) de **açúcar de confeiteiro**

Se você nunca fez uma iguaria doce para o café da manhã, essa seria uma grande oportunidade para tentar. Porque se um rocambole de canela tradicional já é maravilhoso, este aqui desbanca qualquer um.

1 Unte generosamente com manteiga uma frigideira de ferro fundido de 25,5cm ou uma forma de bolo.

2 Em uma tigela grande, bata com um *fouet* o leite morno, a manteiga derretida e o açúcar refinado. A mistura deve ficar morna, registrando uma temperatura de cerca de 40ºC. Se estiver mais quente do que isso, deixe que esfrie um pouco antes de prosseguir. Polvilhe o fermento biológico seco sobre a mistura e deixe descansar por 1 minuto. Adicione 4 xícaras (chá) de farinha de trigo e misture com uma colher de pau até incorporar. Cubra a tigela com um pano de prato ou com papel-filme e deixe em temperatura ambiente para crescer durante 1 hora.

3 Após 1 hora, a massa deve ter dobrado de tamanho. Retire o pano de prato e acrescente mais ¾ de xícara (chá) de farinha de trigo, o fermento em pó e o sal. Mexa bem, e então vire em uma superfície bem enfarinhada. Sove a massa levemente, adicionando mais farinha, se necessário, até que ela não esteja mais pegajosa e não grude na superfície. Abra a massa em um retângulo grande, com cerca de 1,5cm de espessura. Ajeite as pontas para se certificar de que estejam retas e iguais.

4 Em uma tigela pequena, junte os ingredientes do recheio e misture. Espalhe a mistura do recheio de maneira uniforme sobre a massa aberta, distribuindo até as pontas. Com um cortador de pizza, faça 3 cortes horizontais para dividir a massa em 4 tiras longas do mesmo tamanho. Começando por baixo, enrole a primeira tira da direita para a esquerda. Pegue o primeiro rolinho de massa e coloque em cima da ponta da segunda tira, começando novamente a enrolar da direita para a esquerda, por cima do primeiro rolinho. Repita com as tiras restantes até que você obtenha um rocambole de canela gigante.

TASTY: AS MELHORES RECEITAS

5 Coloque o rocambole na frigideira preparada ou na forma de bolo e cubra com papel-filme. Deixe descansar em temperatura ambiente por 30 minutos. Durante esse tempo, o rocambole deverá crescer até a borda da panela.

6 Preaqueça o forno a 160ºC.

7 Descubra o rocambole e asse-o por 45 minutos. Cubra-o com papel-alumínio para evitar que queime por fora, e asse por mais 35 minutos.

8 Enquanto o rocambole estiver assando, prepare a cobertura. Em uma batedeira, bata o cream cheese, a manteiga, o leite, a baunilha e o açúcar de confeiteiro até que fique cremoso.

9 Retire o rocambole do forno e deixe esfriar na panela por, no mínimo, 20 minutos. Quando estiver resfriado, retire-o da panela e regue a cobertura por cima dele antes de servir.

DOCES

Brigadeiro

RENDE 18 UNIDADES

2 colheres (sopa) de **manteiga**, e mais um pouco para untar o prato

1 lata (395g) de **leite condensado**

⅓ de xícara (chá) de **cacau em pó**

Chocolate granulado

O que uma receita de brigadeiro está fazendo aqui? *Qualquer um* sabe fazer brigadeiro! Bem, essa é a maior vantagem dessas delícias genuinamente brasileiras — além do sabor incrível, é claro. Se você for um leigo nas artes culinárias, recomendamos começar por aqui. É chocolate e leite condensado, afinal — não tem como dar errado!

1 Em uma panela em fogo médio-baixo, derreta a manteiga e adicione o leite condensado. Acrescente o cacau em pó e mexa continuamente por 10-15 minutos, até que a mistura comece a borbulhar nas laterais da panela; a mistura deve ficar bem grossa. O brigadeiro estará pronto quando você passar uma colher no meio da panela e demorar alguns segundos para ele voltar. Espalhe a mistura em um prato untado e refrigere por 2 horas.

2 Após esse tempo, passe manteiga nas mãos para evitar que grude, e pegue uma porção da mistura. Enrole com as mãos até obter uma bolinha do tamanho de uma trufa. Repita com o restante da mistura; você deve fazer cerca de 18 bolinhas. Cubra os brigadeiros com o chocolate granulado.

Rosa de caramelo — Torta de maçã

SERVE 6 PESSOAS

4 **maçãs**

Suco de 1 **limão**

½ xícara (chá) de **açúcar refinado**

½ xícara (chá) de **açúcar mascavo**

¼ de colher (chá) de **canela em pó**

¼ de colher (chá) de **noz--moscada em pó**

1 **massa para torta**

¼ de xícara (chá) de **creme de leite** fresco

1 colher (sopa) de **suco de limão**

É provável que você precise de uma ferramenta cara para fazer essa enorme flor cheia de caramelo, certo? Não, apenas de uma faca! Depois de embeber as maçãs, não jogue fora o líquido; ele vira o melhor caramelo do mundo.

1 Descasque as maçãs e coloque-as em uma tigela grande com água suficiente para cobri-las. Esprema o suco do limão na água para evitar que as maçãs escureçam. Com uma maçã por vez, corte ao redor do cabo, descartando o miolo. Corte a maçã em fatias bem finas.

2 Em uma tigela grande, junte o açúcar refinado, o açúcar mascavo, a canela e a noz-moscada. Mexa para misturar. Adicione as maçãs fatiadas, mexa até cobri-las, e deixe que descansem por 30 minutos.

3 Forre uma frigideira de ferro fundido de 23cm com a massa e faça diversos furos com um garfo. Leve à geladeira até ficar firme, de 20-30 minutos.

4 Aos poucos, retire as maçãs da mistura de canela e açúcar, e cuidadosamente esprema-as em suas mãos para retirar o excesso de líquido. Coloque as maçãs escorridas em uma tigela grande, reservando o líquido para fazer a calda de caramelo.

5 Preaqueça o forno a 190ºC.

6 De fora para dentro, alinhe as fatias de maçã na massa sobrepondo cada fatia, para criar o formato de uma rosa. Enrole uma fatia de maçã bem firme e coloque-a no centro, fazendo o meio da rosa. Cubra a frigideira com papel-alumínio e asse por 30 minutos. Descubra e asse por mais 10 minutos ou até ficar bem dourada. Deixe esfriar por 10 minutos.

7 Em uma panela, ferva o líquido reservado de canela e açúcar. Quando estiver reduzido à metade, de 10-15 minutos, adicione cuidadosamente o creme de leite e mexa bem. Para servir, despeje a calda de caramelo por cima da torta fria.

Copinhos de tortilla

RENDE 6 UNIDADES

PARA OS COPINHOS DE TORTILLA

¼ de xícara (chá) de **açúcar**

1 colher (sopa) de **canela em pó**

2 colheres (sopa) de **manteiga** derretida

3 **tortillas de farinha** de 25cm cada

PARA O CHANTILLY

1 xícara (chá) de **creme de leite** fresco

1 colher (chá) de **extrato de baunilha**

2 colheres (sopa) de **açúcar**

COBERTURA

Frutas frescas, se desejar

Aquelas tortillas de farinha que sobraram na geladeira podem ir parar na sua forma de muffin e criar uma base de sobremesa crocante com infinitas possibilidades. Não está a fim de fruta? Substitua por castanhas torradas. Não gosta de chantilly? Sem problemas, use uma bola de sorvete de baunilha no lugar.

1 Preaqueça o forno a 190°C.

2 Em uma tigela pequena, misture o açúcar e a canela. Pincele cada lado das tortillas com manteiga e salpique a mistura. Corte em 4 para fazer 12 pedaços iguais. Coloque 2 pedaços em cada cavidade da forma de muffin e pressione para que fiquem em um formato de copinho. Asse por 13-15 minutos, ou até ficarem crocantes. Retire do forno e deixe que esfriem na forma.

3 Em uma batedeira, bata o creme de leite, a baunilha e o açúcar até formar picos firmes.

4 Arrume os copinhos colocando uma colherada de chantilly em cada um deles. Cubra o creme com frutas frescas da sua escolha.

Sorbet de manga

RENDE DE 4 A 6 PORÇÕES

4 **mangas**, cortadas em cubos
½ xícara (chá) de **mel**
½ xícara (chá) de **água**

Aqueles *sorbets* comprados vêm escondendo um terrível segredo: você pode fazer uma versão melhor deles sozinho. Simplesmente misture manga congelada com mel e água, congele e siga para o paraíso dos *sorbets* caseiros.

1 Corte as mangas em cubinhos de 1cm e coloque em uma assadeira. Cubra e congele por pelo menos 4 horas.

2 Em um processador de alimentos, coloque a manga congelada, a água e o mel. Misture até que fique bem cremoso.

3 Retire o conteúdo do processador de alimentos e coloque em um recipiente.

4 Congele por mais uma hora.

5 Bom apetite!

Trufa de chocolate branco com pedaços

SERVE 4 PESSOAS

3 xícaras (chá) de **gotas de chocolate branco**

1 colher (chá) de **extrato de baunilha**

½ xícara (chá) de **creme de leite** fresco

1 xícara (chá) de gotas de **chocolate meio amargo**

PARA A COBERTURA

1 xícara (chá) de **gotas de chocolate meio amargo** derretidas

¼ de xícara (chá) de **gotas de chocolate branco** derretidas

Quando você tiver gotas de chocolate, faça trufas. O creme de leite morno com chocolate derretido faz algo que os franceses chamam de *ganache* — mas nós chamamos de milagre. Depois de já ter esfriado, faça porções com uma colher de sorvete ou um boleador de frutas — ou simplesmente com uma boa e velha colher, que fará mesma coisa — antes de decorar as trufas com uma cobertura preta e branca digna de uma vitrine de loja de doces.

1 Em uma panela média, misture o chocolate branco, a baunilha e o creme de leite em fogo baixo. Mexa até atingir uma consistência cremosa. Despeje a mistura em uma forma de pão. Leve à geladeira por 20 minutos.

2 Jogue as gotas de chocolate meio amargo na mistura de trufa e misture. Leve à geladeira por 1 hora, ou até ficar sólida.

3 Com uma colher de sorvete, forme bolinhas com a mistura. (Volte com a mistura para a geladeira se ela começar a degelar.) Mantenha as bolinhas de trufa na geladeira enquanto você prepara a cobertura.

4 Para a cobertura, derreta o chocolate meio amargo e o chocolate branco em tigelas separadas. Mergulhe as trufas, uma por uma, no chocolate meio amargo e deixe secar. Regue as trufas com o chocolate branco e leve à geladeira. Sirva frio.

Churros

RENDE 10 UNIDADES

1 e ⅛ de xícara (chá) de **farinha de trigo**

Uma pitada de **sal**

2 colheres (chá) de **açúcar**

Raspa de 1 **limão**

1 e ¼ de xícara (chá) de **água fervente**

½ xícara (chá) de **manteiga**

1 colher (chá) de **extrato de baunilha**

3 **ovos**

Óleo de amendoim ou **vegetal** para fritar

Açúcar de canela (canela e açúcar misturados)

PARA SERVIR

Geleia de morango

Doce de leite

FERRAMENTA ESPECIAL

Saco de confeiteiro com **bico estrela**

Esta é uma daquelas receitas que você jamais ousaria tentar fazer em casa... até agora. Fazer a massa leva um instante, e, embora fique bem impressionante quando passada por um saco de confeiteiro com um bico estrela, um saco plástico grosso com a ponta cortada funciona muito bem também. Quando você estiver pronto para fritar, não se aflija se não tiver um termômetro culinário — simplesmente pegue um pedaço de pão e jogue no óleo quando achar que está quente o suficiente; se o pão fizer um chiado e dourar em 30 segundos, você já pode começar a fritar.

1 Peneire a farinha em uma tigela grande. Adicione o sal, o açúcar e a raspa de limão, e misture.

2 Em uma panela grande, despeje a água fervente, a manteiga e a baunilha. Aqueça delicadamente até que a manteiga esteja derretida e a mistura esteja fervendo. Bata com um *fouet* rapidamente, até ficar sem bolinhas, e deixe esfriar por 5 minutos.

3 Misture os ovos, um por um, e bata até que fique uma mistura espessa e grudenta. Deixe esfriar por mais 10-15 minutos.

4 Transfira a massa de churros para um saco de confeiteiro com bico estrela. Aqueça o óleo em uma panela grande até atingir a temperatura de 180ºC em um termômetro culinário. Passe a massa de churros pelo bico estrela diretamente no óleo, cortando com uma tesoura no tamanho desejado. Frite 3 ou 4 por vez, por 5 minutos ou até ficarem bem dourados.

5 Escorra os churros em papel-toalha e, então, envolva-os na mistura de canela e açúcar. Sirva com a geleia de morango e o doce de leite para se deliciar com um lanche da tarde diferente.

Macarons de cheesecake de morango

RENDE 16 UNIDADES

3 **claras** em temperatura ambiente

¼ de xícara (chá) de **açúcar refinado**

1 e ¾ de xícara (chá) de **açúcar de confeiteiro**

1 xícara (chá) de **farinha de amêndoa extrafina**

3 gotas de **corante culinário vermelho**

PARA O RECHEIO

225g de **cream cheese** em temperatura ambiente

1 xícara (chá) de **açúcar de confeiteiro**

2 colheres (sopa) de **leite**

Geleia de morango

Quer impressionar seus convidados? Essa é a sobremesa perfeita. Se você não encontrar a farinha de amêndoas extrafina, processe a comum.

1 Em uma tigela média, bata a clara até ficar espumosa. Continue batendo e adicione aos poucos o açúcar refinado, até formar picos firmes. Peneire o açúcar de confeiteiro e a farinha de amêndoas em uma tigela. Despeje delicadamente a mistura seca nas claras, girando a tigela para raspar as laterais. Quando a massa atingir uma consistência de lava, transfira metade dela para outra tigela e adicione o corante. Misture somente até que estejam incorporados. Não misture demais para não perder o ponto!

2 Trabalhando rapidamente, coloque as massas branca e rosa em dois sacos plásticos grossos (ou de confeiteiro) separados. Corte a ponta de cada saco e esprema as duas massas de maneira uniforme dentro de um saco maior, para criar um efeito multicolorido.

3 Unte uma assadeira baixa com papel-manteiga ou Assa-fácil. (Dica: use um pouquinho de massa para "colar" as pontas do papel na assadeira.) Em um movimento circular, esprema a massa do saco e faça bolinhas de 4cm na assadeira. Levante a assadeira e bata delicadamente nas laterais para assentar a massa. Deixe que descanse por 1 hora, até não estar mais úmida ao toque e uma película se formar na superfície.

4 Preaqueça o forno a 140°C.

5 Faça o recheio misturando o cream cheese, o açúcar de confeiteiro e o leite em uma tigela, até formar uma massa cremosa. Transfira para o saco de confeiteiro e reserve até a hora de rechear.

6 Quando os biscoitinhos estiverem secos ao toque, asse-os por 13-15 minutos, até crescerem. Deixe esfriar por 10 minutos. Para recheá-los, esprema o saco com o recheio ao redor da borda dos biscoitinhos e coloque uma pequena colherada de geleia no centro. Faça um sanduíche com um outro biscoitinho por cima. Os macarons ficam melhores se forem mantidos refrigerados até a hora de servir.

DOCES

CLÁSSICOS

massa folhada em quatro versões 68 nhoque caseiro 72 frango à cordon bleu 74 frango ao molho marsala 76 lasanha clássica à bolonhesa 78 macarrão ao pesto com frango e bacon 79 torta de frango de frigideira 81 filé francês apimentado 82 torta de carne 83

Massa folhada em quatro versões

Com essa base de massa folhada, você vai pensar fora da caixa no seu repertório de sobremesas. Portanto, sinta-se livre para fazer o que o seu coração mandar!

TRANÇA

RENDE 2 UNIDADES

1 folha de **massa folhada**

6 colheres (sopa) de **recheio de cream cheese** (receita adiante)

5 colheres (sopa) de **gotas de chocolate**

Açúcar de confeiteiro para servir

1 Preaqueça o forno a 200ºC.

2 Corte a massa no sentido horizontal em 2 retângulos. Faça 5 fendas de cada lado da massa (formando 6 tiras de pouco mais de 1cm de cada lado). Deixe 7,5cm intactos no centro da massa.

3 Espalhe a metade do recheio no centro da massa. Salpique a metade das gotas de chocolate por cima. Dobre as tiras de massa para dentro, cobrindo o centro na diagonal, alternando lados. Repita com o restante dos ingredientes.

4 Asse por 15-20 minutos, até que a massa esteja bem dourada e inflada. Sirva as tranças polvilhadas com açúcar de confeiteiro.

RECHEIO DE CREAM CHEESE

225g de **cream cheese** em temperatura ambiente

¼ de xícara (chá) de **açúcar**

½ colher (chá) de **extrato de baunilha**

Em uma tigela média, misture o cream cheese, o açúcar e a baunilha até ficar cremoso.

DIAMANTE DE MORANGO

RENDE 9 UNIDADES

1 folha de **massa folhada**

9 colheres (sopa) de **recheio de cream cheese** (receita à esquerda)

5 **morangos** partidos ao meio e sem os cabinhos

Açúcar de confeiteiro para servir

1 Preaqueça o forno a 200ºC.

2 Corte a massa em 9 quadrados iguais. Pegue um dos quadrados e dobre na diagonal, formando um triângulo. Deixando 0,5cm de borda nas laterais, faça um corte de cada lado, da base do triângulo em direção ao pico, mas certificando-se de parar antes que os cortes se encontrem no topo. Desdobre o triângulo voltando ao quadrado inicial (você terá um formato de diamante com dois quadrados paralelos, mas não separados, uma vez que os cortes não se encontraram). Pegue a ponta de cima do quadrado externo e dobre-a até alcançar a ponta de baixo do quadrado interno. Faça o mesmo com a ponta de baixo do quadrado externo, na direção oposta.

3 Coloque cerca de 1 colher (sopa) do recheio de cream cheese no meio e uma metade de morango por cima. Repita com o restante dos quadrados de massa.

4 Asse por 15-20 minutos, até que a massa esteja bem dourada e inflada. Sirva os diamantes polvilhados com açúcar de confeiteiro.

FLOR DE FRAMBOESA

RENDE 4 UNIDADES

1 folha de **massa folhada**

4 colheres (sopa) de **recheio de cream cheese** (receita na página anterior)

20 **framboesas**

Açúcar de confeiteiro para servir

1 Preaqueça o forno a 200°C.

2 Corte a massa em 4 quadrados iguais. Deixando uma borda de 0,5cm, faça 2 cortes em cada lateral, 8 cortes no total, ao longo das bordas do quadrado, com cada corte se estendendo cerca de um terço do comprimento da borda da massa. Certifique-se de que os cortes não se encontrem. (Como se fosse um quadrado dentro do quadrado, mas os 8 pequenos cortes não se encostam.)

3 Coloque 1 colher (sopa) do recheio de cream cheese no centro do quadrado interno, e 4 framboesas por cima nas pontas. Pegue uma das pontas externas e dobre em direção ao centro, passando por cima da framboesa (será como um triângulo vazado no meio). Repita com as outras pontas. Coloque uma framboesa no centro, por cima das quatro pontas dobradas. Repita o procedimento com o restante dos quadrados de massa.

4 Asse por 15-20 minutos, até que a massa esteja bem dourada e inflada. Sirva as flores polvilhadas com açúcar de confeiteiro.

CATAVENTO DE MIRTILO

RENDE 9 UNIDADES

1 folha de **massa folhada**

9 colheres (sopa) de **recheio de cream cheese** (receita na página anterior)

36 **mirtilos**

Açúcar de confeiteiro para servir

1 Preaqueça o forno a 200°C.

2 Corte a massa em 9 quadrados iguais. Faça 4 cortes na diagonal em cada quadrado, com cada corte indo da ponta quase até o centro. (Como se formassem 4 triângulos, mas sem deixar os cortes se unirem no meio.) Pegue uma das pontas e dobre em direção ao centro. Alternando as pontas, dobre mais 3 pontas em direção ao centro, até formar um catavento.

3 Coloque cerca de 1 colher (sopa) do recheio de cream cheese no centro e 4 mirtilos por cima. Repita com o restante dos cataventos.

4 Asse por 15-20 minutos, até que a massa esteja bem dourada e inflada. Sirva os cataventos polvilhados com açúcar de confeiteiro.

DIAMANTE DE MORANGO >

TRANÇA >

< CATAVENTO DE MIRTILO

FLOR DE FRAMBOESA >

Nhoque caseiro

SERVE 2 PESSOAS

4 **batatas russet** pequenas ou médias

1 colher (chá) de **sal**, e mais um pouco para colocar na água

1 colher (chá) de **pimenta- -do-reino**

1 **ovo**

1 e ½ xícara (chá) de **farinha de trigo**

2 colheres (sopa) de **manteiga**

Folhas de sálvia

O segredo para fazer um nhoque delicioso é tratar a massa com as mãos leves. Amasse, misture e sove as batatas o mínimo possível para obter os melhores resultados.

1. Coloque as batatas em uma panela grande com água fria salgada. Leve à fervura e cozinhe por 20-25 minutos, ou até que um garfo possa espetar as batatas com facilidade. Escorra-as e deixe que esfriem até que você possa manuseá-las, mas ainda mornas.

2. Com um descascador ou com os dedos, retire a casca das batatas. Em uma tigela média, amasse as batatas até que não esteja com bolinhas. Adicione o sal e a pimenta e misture bem. Faça um buraco no meio e quebre um ovo dentro. Bata o ovo rapidamente. E então, com as mãos, misture com delicadeza o ovo com as batatas até que esteja incorporado.

3. Despeje 1 xícara (chá) de farinha de trigo em uma superfície limpa e vire a massa de batata em cima, deixando a ½ xícara (chá) restante por perto, caso seja preciso. Trabalhando com rapidez e delicadeza, sove a massa, incorporando apenas a quantidade de farinha necessária, até que a massa não esteja mais grudenta e comece a ficar mais sólida. Divida a massa em 4 partes. Faça um rolinho comprido com uma das partes, com cerca de 2,5cm de espessura, cortando na metade e trabalhando com uma metade de cada vez, caso o rolinho fique longo demais. Corte-o em quadrados de pouco mais de 1cm e deixe descansar em uma superfície levemente enfarinhada. Repita o procedimento com o restante da massa.

4. Se quiser, coloque um garfo na sua superfície de trabalho e deslize cada nhoque da base dos dentes do garfo até a ponta, para fazer a decoração clássica.

5. Em uma panela grande, ferva bastante água com sal e adicione os nhoques em levas, mexendo delicadamente uma ou duas vezes, para garantir que eles não grudem uns nos outros. Ferva até que os nhoques boiem para a superfície; depois de mais 15-30 segundos na água, retire-os.

6. Em uma panela em fogo médio, derreta a manteiga e acrescente a sálvia. Adicione os nhoques e chacoalhe a frigideira até que estejam levemente dourados.

Frango à cordon bleu

SERVE 6 PESSOAS

4 **peitos de frango** sem pele e osso

Sal e **pimenta-do-reino** a gosto

1 colher (sopa) de **alho em pó**

1 colher (sopa) de **cebola em pó**

16 fatias finas de **queijo suíço**

225g de **presunto** cortado em fatias finas

Óleo de amendoim ou **vegetal**, para fritar

1 xícara (chá) de **farinha de trigo**

4 **ovos** batidos

2 xícaras (chá) de **farinha de rosca** ou **panko**

PARA O MOLHO CREMOSO DE MOSTARDA

3 colheres (sopa) de **manteiga**

2 **dentes de alho** picadinhos

3 colheres (sopa) de **farinha de trigo**

2 xícaras (chá) de **leite**

¼ de xícara (chá) de **mostarda de Dijon**

1 xícara (chá) de **queijo parmesão** ralado

Sal e **pimenta-do-reino** a gosto

Quando uma receita de frango duplica como num passe de mágica, você sabe que ela é campeã. O presunto e o queijo por dentro de cada rolinho de frango crocante revelam-se quando são cortados, garantindo uaus, ahs e hums de todos os lados.

1 Polvilhe os peitos de frango com o sal, a pimenta-do-reino, o alho e a cebola em pó, virando-os para cobrir todos os lados. Em uma tábua de corte, coloque um peito de frango entre duas folhas de papel-filme e bata com um socador de carne, com um rolo de massa ou com uma panela pesada, até que fique com cerca de 1cm de espessura. Retire o papel-filme e faça uma camada de queijo suíço com cerca de 3 ou 4 fatias, depois mais 4 fatias de presunto, e então mais uma camada de queijo suíço com mais 3 ou 4 fatias. Enrole o frango de maneira uniforme e coloque-o sobre uma nova folha de papel-filme. Envolva o frango enrolado com o papel-filme bem firme e use o excesso nas laterais para apertar ainda mais, firmando bem o frango à cordon bleu. Amarre as sobras de papel-filme das laterais por cima. Repita o procedimento com os ingredientes restantes e leve à geladeira por 30 minutos.

2 Enquanto isso, preaqueça uma panela alta com 5cm de óleo a 170ºC.

3 Depois dos rolinhos de frango resfriarem na geladeira, prepare 3 travessas grandes, uma com farinha, outra com os ovos batidos e a terceira com a farinha de rosca. Empane o frango primeiro na farinha de trigo, depois nos ovos e por último na farinha de rosca. Coloque o frango à cordon bleu empanado no óleo e deixe fritar por cerca de 5 minutos de cada lado, ou até que forme uma crosta bem dourada uniforme. Se o frango tiver com uma cor bonita, mas o meio ainda não tiver atingido a temperatura de 75ºC, coloque-o em uma grade sobre uma assadeira e termine o cozimento do frango no forno a 160ºC até que a temperatura interna correta seja alcançada.

4 Enquanto isso, prepare o molho. Em uma panela pequena em fogo médio, derreta a manteiga e refogue o alho até soltar o aroma. Adicione a farinha de trigo e mexa com um *fouet*

por 1 minuto. Acrescente o leite e mexa até que esteja totalmente misturado ao *roux* e não tenha mais nenhuma bolinha. Continue mexendo até que a mistura comece a ferver e tenha engrossado. Adicione a mostarda, o queijo parmesão, o sal e a pimenta-do--reino, e mexa para incorporar. Desligue o fogo.

5 Corte o frango em fatias e sirva regado com o molho de mostarda de Dijon.

CLÁSSICOS

Frango ao molho marsala

SERVE 6 PESSOAS

4 **peitos de frango** sem pele e osso

1 xícara (chá) de **farinha de trigo**

Sal e **pimenta-do-reino** a gosto

1 colher (sopa) de **cebola em pó**

1 colher (sopa) de **alho em pó**

2 colheres (sopa) de **azeite**

4 colheres (sopa) de **manteiga**

2 **dentes de alho** picadinhos

½ xícara (chá) de **chalotas** picadinhas

450g de **cogumelos crimini**, sem cabo e cortados em fatias finas

2 xícaras (chá) de **vinho marsala** seco

2 xícaras (chá) de **caldo de frango**

Suco de ½ **limão**

Salsinha fresca, para servir

Massa, **batata** ou **arroz cozidos**, para acompanhar

O vinho marsala dá nome a essa receita clássica; se não conseguir encontrá-lo, use 1 e ¾ de xícara (chá) de vinho branco seco e ¼ de xícara (chá) de conhaque.

1 Corte cada peito de frango em dois no sentido vertical, como se fosse recheá-lo, e então corte a parte maior e mais grossa novamente da mesma forma, fazendo 3 pedaços de espessura igual. Em uma tigela larga e funda, misture a farinha, o sal, a pimenta-do-reino, o alho e a cebola em pó. Empane os pedaços de frango na mistura de farinha, sacudindo-os com delicadeza para retirar o excesso, e reserve.

2 Aqueça o azeite e 2 colheres (sopa) de manteiga em uma frigideira grande em fogo médio-alto. Coloque os frangos em levas na panela, para evitar que se amontoem. Cozinhe o frango até que esteja bem dourado, por cerca de 3 minutos. Vire e cozinhe o outro lado, por mais 3 minutos. Retire o frango da frigideira e reserve.

3 À mesma frigideira, agora vazia e com o fundo de azeite e manteiga, acrescente o alho, a cebola e os cogumelos, mexendo de vez em quando e raspando o fundo da frigideira até que os cogumelos estejam macios e a maior parte do seu líquido tenha evaporado, por cerca de 8 minutos.

4 Deglaceie a frigideira com o vinho marsala e raspe todos os pedacinhos caramelizados do fundo da panela. Adicione o caldo de frango e o suco de limão e deixe que a mistura atinja a fervura. Reduza o fogo para uma fervura branda e cozinhe até que o líquido esteja reduzido à metade.

5 Desligue o fogo. Adicione 2 colheres (sopa) de manteiga gelada e mexa até que o molho esteja encorpado e cremoso. Adicione o frango cozido ao molho e cozinhe em fervura branda por mais 5 minutos, virando-o na metade do tempo. Polvilhe com salsinha e sirva com uma massa, batatas ou arroz.

Lasanha clássica à bolonhesa

SERVE 12 PESSOAS

MOLHO À BOLONHESA

2 colheres (sopa) de **azeite**

2 colheres (sopa) de **manteiga**

1 **cebola** picadinha

1 **cenoura** grande descascada e picadinha

1 **talo de aipo** picadinho

2 **dentes de alho** picadinhos

450g de **carne moída bovina**

450g de **carne moída suína**

Sal e **pimenta-do-reino** a gosto

1 lata de **extrato de tomate**

2 xícaras (chá) de **vinho tinto**

1 lata de **tomate pelado** em cubos

MISTURA DE RICOTA E ERVAS

425g de **ricota**

½ xícara (chá) de **manjericão** fresco picado

1 xícara (chá) de **queijo parmesão** ralado, e mais um pouco a gosto

½ xícara (chá) de **salsinha** fresca picada

1 **ovo**

Sal e **pimenta-do-reino** a gosto

450g de **massa de lasanha** cozida

Queijo muçarela ralado

Fazer o seu próprio molho à bolonhesa é um enorme diferencial na lasanha, garantindo camadas de sabor de carne com tomate de verdade entre a massa e o queijo.

1 Preaqueça o forno a 200ºC.

2 Em uma frigideira em fogo médio-alto, coloque o azeite e a manteiga. Quando estiverem quentes, adicione a cebola, a cenoura, o aipo e o alho. Refogue, mexendo de vez em quando, até ficarem dourados. Quando os vegetais estiverem caramelizados, acrescente a carne bovina, a carne suína, o sal, a pimenta-do-reino e o extrato de tomate. Mexa bem, desfazendo os pedaços de carne, até que ela tenha escurecido.

3 Quando o molho estiver bem escuro e começando a grudar no fundo da panela, adicione o vinho tinto. Raspe o fundo da panela com uma colher de pau para soltar todos os pedacinhos que estiverem grudados. Quando o vinho começar a ferver, adicione os tomates em cubo e mexa até incorporar. Deixe o molho ferver em uma fervura branda e cozinhe por, no mínimo, 30 minutos (quanto mais tempo, melhor!), e então reserve.

4 Em uma tigela grande, misture a ricota, o manjericão, 1 xícara (chá) de queijo parmesão, a salsinha, o ovo, o sal e a pimenta. Reserve.

5 Em uma travessa de louça de 23x33cm, adicione uma camada de molho bolonhesa no fundo. Cubra com uma camada de massa, e então espalhe uma camada da mistura de ricota por cima. Repita com mais uma camada de molho à bolonhesa, massa, ricota, massa, bolonhesa, e então finalize com queijo muçarela e mais queijo parmesão. Cubra a travessa com papel-alumínio e asse por 25 minutos.

6 Retire o papel-alumínio e asse por mais 15 minutos, até que o queijo de cima esteja dourado e o molho à bolonhesa, borbulhando. Fatie e sirva.

TASTY: AS MELHORES RECEITAS

Macarrão ao pesto com frango e bacon

SERVE 4 PESSOAS

6 tiras de **bacon** fatiadas

2 **peitos de frango** sem pele e osso, fatiados

2 colheres (chá) de **sal**

1 colher (chá) de **pimenta-do-reino**

1 colher (chá) de **alho em pó**

2 **cebolas** fatiadas

4 **dentes de alho** picadinhos

140g de **espinafre**

5 xícaras (chá) de **leite**

450g de **fettuccine**

½ xícara (chá) de **molho pesto**

1 xícara (chá) de **queijo parmesão**, e mais um pouco para servir

Salsinha fresca picada, para servir

Qualquer receita feita em uma única panela desperta animação. Uma espécie de fusão de alfredo-primavera-carbonara, essa massa tem um sabor especial. Você começa fritando o bacon até ele ficar crocante, o que cria um gosto defumado, enriquecendo o molho cremoso de queijo e alho que rega o espinafre e o frango.

1 Em uma panela grande (ou Dutch Oven) em fogo médio-alto, cozinhe o bacon até ficar crocante. Adicione o frango e tempere com sal, pimenta e alho em pó. Cozinhe até que o rosado desapareça, e então retire o frango da panela e reserve.

2 Acrescente a cebola e o alho à panela e refogue até amolecerem. Quando as cebolas estiverem caramelizadas, adicione o espinafre e cozinhe até murchar. Junte o leite e deixe ferver. Acrescente o fettuccine e cubra a panela. Cozinhe em fogo médio até que o leite engrosse e a massa esteja cozida, por cerca de 7 minutos.

3 Volte com o frango para a panela. Adicione o molho pesto e o queijo parmesão. Decore com salsinha e queijo parmesão extra.

Torta de frango de frigideira

SERVE 4 PESSOAS

1 colher (sopa) de **azeite**

700g de **peito de frango** sem pele e osso, cortado em cubinhos

Sal e **pimenta-do-reino** a gosto

½ **cebola branca** picada

2 **dentes de alho** picadinhos

1 **batata** cortada em cubinhos

2 xícaras (chá) de **ervilha** e **cenoura** congeladas

4 colheres (sopa) de **manteiga**

4 colheres (sopa) de **farinha de trigo**

2 xícaras (chá) de **caldo de galinha**

1 **massa pronta para torta**, descongelada

1 **ovo** batido

Quer você tenha feito a massa do zero ou pego uma da geladeira do supermercado, agora você tem o item essencial para fazer uma torta perfeita. O recheio de batata, cebola, cenoura e ervilha — sem falar da alegria de cortar a crosta crocante e revelar o recheio cremoso — é o equivalente culinário de um belo e confortável pijama.

1 Preaqueça o forno a 200°C.

2 Aqueça o azeite em uma frigideira de ferro fundido. Adicione o frango, tempere com sal e pimenta, e deixe cozinhar até que esteja bem dourado do lado de fora e cozido por dentro. Retire o frango da panela e reserve.

3 Na mesma frigideira, adicione a cebola e o alho. Refogue até ficarem translúcidos. Acrescente a batata em cubos e refogue por cerca de 5 minutos. Adicione as ervilhas e as cenouras e mexa mais um pouco. Misture a manteiga e deixe derreter. Polvilhe a farinha de trigo por cima, cobrindo os vegetais, e mexa rapidamente para evitar que empelote. Despeje o caldo de galinha e deixe ferver para engrossar o molho. Tempere com sal e pimenta, coloque o frango reservado de volta na frigideira, misture e retire a panela do fogo.

4 Coloque a massa para torta sobre a mistura de frango e vegetais e, com delicadeza, sele as bordas ao redor da frigideira. Pincele a massa com ovo batido e faça 3 fendas no meio para liberar o vapor. Asse por 25-30 minutos, ou até que esteja dourada.

Filé francês apimentado

SERVE 2 PESSOAS

1 **bife de contrafilé** de 400g, ou algum outro corte de boa qualidade

2 colheres (chá) de **sal kosher**

2 colheres (sopa) de **pimenta-do-reino** moída na hora

1 colher (sopa) de **óleo vegetal**

2 colheres (sopa) de **manteiga**

1 xícara (chá) de **creme de leite** fresco

⅓ de xícara (chá) de **conhaque**

1 colher (sopa) de **mostarda de Dijon**

A surpresa nesse delicioso filé são os pedacinhos de pimenta-do-reino que você mói na hora; eles são tão saborosos que você nunca mais vai querer usar a pimenta em pó. Depois de passar a sua carne na pimenta e selá-la, os pedacinhos que grudam no fundo são a base para um molho cremoso e apimentado, que dá vontade de lamber a panela.

1 Tempere o seu filé com sal e pimenta a gosto, certificando-se de cobrir com uma camada generosa toda a superfície da carne. Com as mãos, pressione o tempero na carne para fazer uma camada uniforme.

2 Aqueça o óleo vegetal e 1 colher (sopa) de manteiga em uma frigideira grande no fogo médio-alto até que saia fumaça. Adicione a carne à panela e sele um dos lados por 4 minutos. Vire e sele o outro lado por mais 4 minutos, para obter uma carne ao ponto. Se o filé tiver uma camada de gordura do lado, certifique-se de selar a lateral também por 30 segundos a 1 minuto. Quando estiver no ponto desejado, transfira o filé para uma tábua de corte para descansar.

3 Reduza o fogo para médio e adicione o conhaque à frigideira. Deixe cozinhar por cerca de 1 minuto, enquanto usa um *fouet* para raspar os pedacinhos do fundo da panela. Quando o conhaque estiver reduzido à metade, acrescente o creme de leite e continue mexendo até incorporar. Acrescente a mostarda e a colher restante de manteiga e continue mexendo até que o molho reduza e engrosse, de 5-7 minutos. O molho deve ter uma consistência caramelada e cobrir a parte de trás de uma colher. Reduza para fogo baixo.

4 Fatie a carne em pedaços de 1,5cm. Coloque o molho por cima e sirva.

Torta de carne

RENDE 8 PEDAÇOS

PARA O RECHEIO

3 colheres de sopa de **manteiga**

1kg de **coxão mole** em cubos

2 **cebolas roxas** cortadas

6 **dentes de alho** cortados

2 **cenouras** cortadas

3 **talos de salsão** cortados

1 colher sopa de **extrato de tomate**

1 lata de **cerveja escura estilo stout** (440ml)

3 ramos de **alecrim** fresco

4 ramos de **tomilho** fresco

4 ramos de **salsinha**

Sal a gosto

Pimenta-do-reino a gosto

5 colheres de sopa de **farinha de trigo**

½ xícara (chá) de **água quente**

1 xícara (chá) de **ervilha** fresca

PARA A MASSA

600g de **farinha de trigo**

300g de **manteiga sem sal** gelada em cubos

1 colher de chá de **sal**

½ colher chá de **açúcar**

8-9 colheres de sopa de **água gelada**

1 **ovo** batido para pincelar

Tortas são fantásticas. Agora, imagine uma mistura de sabores com carne, cebola e temperos de dar água na boca — e faça uma torta com eles. Parente do empadão — mas o tipo de parente que a gente gosta — essa receita vai fazer você amar ainda mais uma boa torta.

1. Em uma panela, derreta a manteiga em fogo médio e refogue a carne por 7-8 minutos ou até ficar levemente dourada.

2. Adicione cebola e alho, cozinhando por 5-6 minutos.

3. Adicione cenoura e salsão, misture bem. Cozinhe por 2-3 minutos.

4. Acrescente extrato de tomate, cerveja, alecrim, tomilho, salsinha, pimenta, sal, farinha e água. Misture bem e cozinhe em fogo baixo por 1 hora ou até a carne ficar macia, mexendo de vez em quando.

5. Coloque as ervilhas e retire do fogo. Deixe esfriar antes de rechear a torta e retire os ramos das ervas.

6. Em uma tigela, misture a farinha, o açúcar, o sal e a manteiga. Esmigalhe a manteiga em pedaços menores.

7. Adicione a água aos poucos para formar uma massa uniforme.

8. Separe ⅓ da massa para a parte superior da torta. Coloque cada pedaço em um saco ou plástico-filme e leve à geladeira por 30 minutos.

9. Preaqueça o forno a 180°C.

10. Abra o pedaço maior com a ajuda de um rolo de massa para forrar a base e as laterais de uma forma redonda (21cm de diâmetro), deixando sobras nas bordas. Abra também o pedaço menor para fazer a parte superior da torta.

11. Transfira o recheio para a forma com a massa já colocada, preenchendo bem.

12. Pincele ovo batido nas bordas, coloque a parte de cima da massa, junte com a que já estava na forma e retire o excesso, dobrando a borda para dentro.

13. Pincele ovo batido por toda superfície da torta. Com a ponta de uma faca, faça 4 cortes centrais.

14. Leve ao forno por 55-60 minutos ou até ficar bem dourada.

15. Deixe esfriar em temperatura ambiente por 1h30 antes de cortar.

VEGETARIANA

chips assados de frutas e vegetais em quatro versões 86 tigelinhas vegetarianas de grãos em duas versões 88 almôndegas de abobrinha 93 falafel 94 sopa de brócolis e queijo cheddar 96 macarrão com queijo vegano 97 couve-flor assada picante 99 ratatouille assado 100 salada de macarrão oriental 104

< **CHIPS DE ABOBRINHA**

Chips assados de frutas e vegetais em quatro versões

CADA RECEITA RENDE DE 1 A 2 PORÇÕES

Esses chips crocantes, saudáveis, coloridos e assados são novas versões de clássicos antigos.

CHIPS DE COUVE

1 maço de **couve crespa**
2 colheres (sopa) de **azeite**
¼ de colher (chá) de **sal**
¼ de colher (chá) de **pimenta-do-reino**
¼ de colher (chá) de **páprica picante**

1. Preaqueça o forno a 180ºC. Forre uma assadeira com papel-manteiga.

2. Remova as folhas de couve dos caules grossos com uma faca afiada, e corte-as em pedaços menores. Em uma tigela média, cubra a couve com azeite. Misture os temperos e adicione-os à couve. Misture bem até que elas estejam totalmente cobertas.

3. Arrume a couve temperada na assadeira, certificando-se de que as folhas não se sobreponham. Asse por 10-15 minutos, até que as bordas estejam escuras, mas não queimadas. Deixe esfriar em temperatura ambiente.

CHIPS DE MAÇÃ

2 **maçãs**
Spray para untar ou **óleo**
1 colher (chá) de **canela**

1. Preaqueça o forno a 180ºC. Forre uma assadeira com papel-manteiga.

2. Corte as maçãs em fatias de 3-6mm. Arrume-as na assadeira. Espirre o spray para untar nas fatias ou pincele com óleo. Polvilhe a canela por cima. Asse por 30 minutos, virando as fatias na metade do tempo, até que estejam levemente douradas. Deixe esfriar em temperatura ambiente.

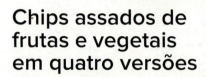
< **CHIPS DE BATATA-DOCE**

< CHIPS DE COUVE

CHIPS DE ABOBRINHA

1 **abobrinha** grande
2 colheres (sopa) de **azeite**
¼ de colher (chá) de **sal**
½ colher (chá) de **pimenta-do-reino**
½ colher (chá) de **alho em pó**

1. Preaqueça o forno a 200ºC. Forre uma assadeira com papel-manteiga.
2. Corte a abobrinha em fatias de 3-6mm. Arrume-as na assadeira, certificando-se de que elas não se sobreponham (caso contrário, não ficarão sequinhas). Pincele as fatias com azeite e tempere com sal, pimenta e alho em pó. Vire-as e faça o mesmo do outro lado.
3. Asse por 25-35 minutos, virando-as na metade do tempo, até ficarem douradas. Deixe esfriar em temperatura ambiente. As fatias ficarão mais crocantes enquanto esfriam.

CHIPS DE BATATA-DOCE

1 **batata-doce** ou **inhame** grande
4 colheres (sopa) de **azeite**
½ colher (chá) de **sal**
½ colher (chá) de **pimenta-do-reino**
1 colher (chá) de **tomilho** seco

1. Preaqueça o forno a 200ºC. Forre uma assadeira com papel-manteiga.
2. Corte a batata-doce em fatias de 3-6mm. Em uma tigela média, misture-as com o azeite até que fiquem totalmente cobertas. Adicione os temperos e misture bem. Arrume-as na assadeira, certificando-se de que não se sobreponham.
3. Asse por 25-35 minutos, virando-as na metade do tempo, até ficarem douradas. Deixe esfriar em temperatura ambiente.

< CHIPS DE MAÇÃ

Tigelinhas vegetarianas de grãos em duas versões

Optar por uma refeição totalmente vegetariana pode não parecer muito comum, mas com esses vegetais coloridos e crocantes e molhos deliciosos, você nem vai sentir falta de carne.

TIGELINHA DE QUINOA COM VEGETAIS ASSADOS E MOLHO DOCE DE SOJA

SERVE 2 PESSOAS

2 **cenouras** fatiadas

1 maço de **brócolis**

1 **pimentão vermelho** picado grosseiramente

½ maço de **repolho roxo**, cortado em fatias

Azeite a gosto

Sal e **pimenta-do-reino** a gosto

Alho em pó a gosto

Cebola em pó a gosto

2 xícaras (chá) de **quinoa** cozida

PARA O MOLHO DOCE DE SOJA

¼ de xícara (chá) de **molho de soja**

2 colheres (sopa) de **xarope de bordo**

1 colher (chá) de **gengibre** fresco picadinho

1 colher (chá) de **alho** fresco picadinho

Pimenta-do-reino a gosto

1 Preaqueça o forno a 220°C. Forre uma assadeira com papel--manteiga.

2 Na assadeira, tempere os vegetais com azeite, sal, pimenta--do-reino, alho em pó e cebola em pó. Asse por 15-20 minutos, ou até que os vegetais estejam assados ao seu gosto.

3 Preencha 2 tigelinhas de cerâmica com 1 xícara (chá) de quinoa cozida cada. Depois coloque os vegetais assados.

4 Misture os ingredientes do molho doce de soja e divida-o em dois vidros. Guarde na geladeira com as tigelinhas de vegetais assados por até 4 dias.

5 Para servir, retire os vidros de molho da geladeira e aqueça-os no micro-ondas por 1 minuto. Despeje o molho dos vidros por cima de cada tigelinha de grãos e misture bem.

TIGELINHA DE ARROZ INTEGRAL COM GRÃO-DE-BICO E VEGETAIS ASSADOS E MOLHO DE COENTRO E LIMÃO

SERVE 2 PESSOAS

1 **batata-doce** descascada e cortada em pedaços pequenos

225g de **couve-de-bruxelas**, limpas e cortadas ao meio

1 **pimentão amarelo** cortado grosseiramente

½ **cebola roxa** cortada grosseiramente

1 lata (500g) de **grão-de-bico**, escorrido e lavado

Azeite a gosto

Sal e **pimenta-do-reino** a gosto

Páprica doce a gosto

2 xícaras (chá) de **arroz integral** cozido

PARA O MOLHO DE COENTRO E LIMÃO

¼ de xícara (chá) de **iogurte grego integral**

2 colheres (sopa) de **suco de limão**

1 colher (sopa) de **coentro** fresco picadinho

Sal e **pimenta-do-reino** a gosto

1 Preaqueça o forno a 220ºC. Forre uma assadeira com papel-manteiga.

2 Na assadeira, tempere os vegetais e o grão-de-bico com azeite, sal, pimenta-do-reino e páprica. Asse por 15-20 minutos, ou até que os vegetais estejam assados ao seu gosto.

3 Preencha 2 tigelinhas de cerâmica com 1 xícara (chá) de arroz integral cozido cada. Depois coloque os vegetais e o grão-de-bico assados.

4 Misture os ingredientes do molho de coentro e limão e divida-o em dois vidros. Guarde na geladeira com as tigelinhas de vegetais e grão-de-bico assados por até 4 dias.

5 Para servir, retire os vidros de molho da geladeira e aqueça-os no micro-ondas por 1 minuto. Despeje o molho dos vidros por cima de cada tigelinha de grãos e misture bem.

TIGELINHA DE ARROZ INTEGRAL COM GRÃO-DE-BICO E VEGETAIS ASSADOS E MOLHO DE COENTRO E LIMÃO

TIGELINHA DE QUINOA COM VEGETAIS ASSADOS E MOLHO DOCE DE SOJA

Almôndegas de abobrinha

SERVE DE 4 A 6 PESSOAS

4 **abobrinhas**

1 colher (sopa) de **sal**

1 **ovo** grande

1 xícara (chá) de **ricota**

1 xícara (chá) de **farinha de rosca**

1 colher (sopa) de **tempero italiano**

3 colheres (sopa) de **manjericão** fresco picado

3 colheres (sopa) de **salsinha** fresca picada

1 colher (chá) de **pimenta--do-reino**

2 colheres (sopa) de **azeite**

1 **cebola** média, cortada em cubinhos

2 **dentes de alho** picados

PARA SERVIR

Macarrão cozido

Molho marinara

Você não vai nem sentir falta de carne nessas almôndegas nutritivas, saborosas e cheias de ervas — a abobrinha é um excelente substituto para carne, e que pode até recrutar alguns de vocês para o Time dos Vegetarianos. Certifique-se de não pular o passo importante de espremer o excesso de líquido da abobrinha após colocar o sal; isso garante que as almôndegas fiquem bonitas e firmes, em vez de murchas e encharcadas.

1 Corte as pontas de cada abobrinha e, com um ralador, rale-as em uma tigela grande. Salpique sal por cima, misture e deixe descansar em um escorredor na pia por 20 minutos, para tirar o excesso de água.

2 Preaqueça o forno a 190°C.

3 Com um pano de prato, esprema todo o excesso de líquido da abobrinha ralada. Coloque a abobrinha em uma tigela seca e adicione os ingredientes restantes. Mexa até que estejam bem misturados, e faça bolinhas do tamanho de uma bola de pingue-pongue.

4 Asse as almôndegas de abobrinha por 30-40 minutos ou até que estejam douradas, virando-as na metade do tempo. Sirva sobre a massa com o molho marinara.

Falafel

SERVE DE 4 A 6 PESSOAS

450g de **grão-de-bico** em lata, escorrido e lavado

1 **cebola roxa** picadinha

¼ de xícara (chá) de **salsinha** fresca

4 **dentes de alho** descascados

1 colher (sopa) de **suco de limão-siciliano** fresco

2 colheres (chá) de **cominho**

1 colher (chá) de **sal**

1 colher (chá) de **pimenta-do-reino**

½ colher (chá) de **pimenta calabresa**

1 xícara (chá) de **farinha de rosca**

Óleo para fritar

OPÇÕES PARA SERVIR

Pão pita

Tomates fatiados

Pepino em cubos

Molho tahine

Você está desafiado a encontrar um recheio de sanduíche com uma crosta mais crocante do que essa. Sim, esse gosto é de cominho, não é uma delícia? A farinha de rosca tem papel crucial aqui, garantindo a crocância essencial nesse falafel irresistível. Você pode fazer uma camada dele no pão pita com salada fresca — ou ignore o pão e fique com o tomate e o pepino para um almoço de baixa caloria.

1 Na tigela de um processador de 2 litros, adicione o grão-de-bico, a cebola, a salsinha, o alho, o suco de limão-siciliano e os temperos. Bata os ingredientes até que estejam incorporados e formem uma pasta úmida. Tenha cuidado para não bater demais.

2 Transfira a mistura para uma tigela grande e acrescente a farinha de rosca, mexendo apenas até incorporar. Cubra com papel-filme e leve à geladeira por 1-2 horas, ou, melhor ainda, durante a noite.

3 Retire a mistura de falafel da geladeira e faça bolinhas de 2,5cm. A mistura deve render de 18-20 bolinhas de falafel.

4 Em uma frigideira grande e alta, aqueça cerca de 2,5cm de altura de óleo a 180ºC. Frite as bolinhas de falafel em levas de seis unidades durante 3 minutos, virando-as na metade do tempo. Quando estiverem bem douradas e crocantes, transfira-as para um prato forrado de papel-toalha e polvilhe sal por cima.

5 Sirva o falafel como desejar, seja em um sanduíche, sobre a salada ou sobre uma cama de verduras acompanhadas de molho tahine.

Sopa de brócolis e queijo cheddar

SERVE 4 PESSOAS

2 maços de **brócolis**

¼ de xícara (chá) de **manteiga**

½ **cebola** cortada em cubos

¼ de xícara (chá) de **farinha de trigo**

1 xícaras (chá) de **creme de leite** fresco

1 xícara (chá) de **leite integral**

2 xícaras (chá) de **caldo de legumes**

½ xícara (chá) de **cenoura** ralada

2 colheres (chá) de **sal**

1 colher (chá) de **pimenta-do-reino**

¼ de colher (chá) de **noz-moscada**

2 xícaras (chá) de **queijo cheddar** ralado

Quem não ama a campeã das sopas? Essa versão é um pouco diferente — ela leva cenoura ralada para dar um pouco de doçura. Você pode substituir o creme de leite fresco por mais 1 xícara (chá) de leite integral, se quiser a sopa um pouco mais magra; e se estiver com pressa, sinta-se livre para usar um pacote de 500g de floretes de brócolis congelados (já degelados) — só se certifique de secá-los um pouco com papel-toalha depois que já tiverem descongelado.

1 Descarte o caule dos maços de brócolis, e pique-os em pequenos floretes. Reserve.

2 Em uma panela grande no fogo médio, junte a manteiga e a cebola, e refogue até ficar translúcida. Adicione a farinha e mexa até fazer um *roux* levemente marrom. Acrescente o creme de leite fresco e o leite e misture até ferver. Reduza para fogo baixo e adicione o caldo de legumes. Deixe cozinhar em fervura branda por 5-10 minutos.

3 Acrescente o brócolis, a cenoura, o sal, a pimenta e a noz-moscada. Cozinhe em fervura branda por 10-15 minutos. Adicione o queijo e mexa até que tenha derretido e esteja integrado aos outros ingredientes.

Macarrão com queijo vegano

SERVE 4 PESSOAS

2 **batatas** descascadas e cortadas em cubos

1 **cenoura** média descascada e cortada em pedaços de 2,5cm

1 **cebola** média cortada em quatro pedaços

½ xícara (chá) de **castanha--de-caju**

1 colher (chá) de **sal**, e mais um pouco para colocar na água

1 colher (chá) de **alho em pó**

1 colher (chá) de **cebola em pó**

2 colheres (sopa) de **levedura nutricional**

500g de **macarrão caracol** cozido

Páprica picante a gosto

Se você já duvidou em algum momento da técnica do queijo de castanha-de-caju, essa receita vai convencê-lo de uma vez por todas. Os vegetais, depois de cozidos até ficarem macios, são misturados no liquidificador com as castanhas para formar um molho tão gostoso quanto cheddar com creme. Uma porção generosa de sal é essencial aqui: não economize!

1 Adicione os vegetais a uma panela grande (ou Dutch Oven) com água fervente salgada. Cubra e deixe cozinhar por 10 minutos, ou até que as batatas estejam macias ao toque do garfo. Retire os vegetais fervidos e guarde 2 xícaras (chá) da água de cozimento.

2 Coloque os vegetais, as castanhas e os temperos em um liquidificador com metade da água de cozimento reservada. Bata, adicionando algumas colheres (sopa) da água aos poucos, até atingir a consistência desejada. Despeje o purê de vegetais sobre o macarrão e misture. Polvilhe a páprica e sirva imediatamente.

Couve-flor assada picante

SERVE 4 PESSOAS

¾ de xícara (chá) de **farinha de trigo**

1 colher (chá) de **páprica picante**

2 colheres (chá) de **alho em pó**

1 colher (chá) de **sal**

½ colher (chá) de **pimenta-do-reino**

¾ de xícara (chá) de **leite** ou **alternativa vegetal** para substituir

1 maço de **couve-flor**

¼ de xícara (chá) de **molho buffalo** ou **molho de pimenta**

2 colheres (sopa) de **óleo de coco** ou **óleo vegetal**

1 colher (sopa) de **mel**

Assados, em vez de fritos, esses pedacinhos de couve-flor picante são supreendentemente saudáveis. Mas não se preocupe — eles não perdem nada em relação às suas raízes ardentes.

1. Preaqueça o forno a 230ºC. Forre uma assadeira com papel-manteiga.

2. Em uma tigela grande, misture a farinha de trigo, a páprica, o alho em pó, o sal, a pimenta-do-reino e o leite, e mexa até ficarem bem incorporados.

3. Corte o maço de couve-flor em floretes de cerca de 4cm. Adicione os floretes de couve-flor à massa, certificando-se de que todos os pedaços fiquem cobertos. Distribua os floretes de couve-flor cobertos na assadeira. Asse por 20 minutos, virando-os na metade do tempo.

4. Enquanto isso, em uma tigela pequena, junte o molho buffalo, o óleo e o mel e mexa até ficarem incorporados. Pincele o molho na couve-flor e asse por mais 20 minutos.

Ratatouille assado

SERVE 8 PESSOAS

VEGETAIS

2 **beringelas**

6 **tomates** italianos

2 **abobrinhas amarelas**

2 **abobrinhas verdes**

PARA O MOLHO

2 colheres (sopa) de **azeite**

1 **cebola** cortada em cubos

4 **dentes de alho** picadinhos

1 **pimentão vermelho** cortado em cubos

1 **pimentão amarelo** cortado em cubos

Sal e **pimenta-do-reino** a gosto

1 lata de **tomate pelado**

2 colheres (sopa) de **manjericão** fresco picadinho (de 8 a 10 folhas)

PARA O TEMPERO DE ERVAS

2 colheres (sopa) de **manjericão** fresco picadinho (de 8 a 10 folhas)

1 colher (chá) de **alho** picadinho

2 colheres (sopa) de **salsinha** fresca picadinha

2 colheres (chá) de **tomilho** fresco

Sal e **pimenta-do-reino** a gosto

4 colheres (sopa) de **azeite**

A maioria dos pratos de acompanhamento feitos com vegetais não tem um filme inteiro dedicado a eles — mas esse tem. Talvez o fato de ser francês o faça parecer exótico — mas o Ratatouille assado usa ingredientes que dá para encontrar em qualquer supermercado. Essa receita tem uma vantagem extra: em vez de ficar mexendo uma panela, você simplesmente monta camadas, cobre e leva ao forno. Talvez seja a hora de uma continuação do filme.

1   Preaqueça o forno a 190°C.

2   Corte em rodelas de aproximadamente 2mm as beringelas, os tomates, as abobrinhas verdes e amarelas, e reserve.

3   Aqueça 2 colheres (sopa) de azeite em uma panela de 30cm que possa ir ao forno. Refogue a cebola, o alho e os pimentões até ficarem macios. Tempere com sal e pimenta, e então adicione o tomate pelado amassado. Mexa até que os ingredientes estejam totalmente incorporados. Desligue o fogo e acrescente o manjericão. Mexa mais um pouco e alise a superfície do molho com uma espátula.

4   Monte os vegetais fatiados em um padrão alternado (por exemplo, beringela, tomate, abobrinha amarela, abobrinha verde) sobre o molho, da beira para o centro da panela. Tempere com sal e pimenta. Cubra a panela com papel--alumínio e asse por 40 minutos. Remova o papel e asse por mais 20 minutos. Os vegetais devem estar macios.

5   Misture os ingredientes do tempero de ervas e despeje sobre o Ratatouille assado.

6   Sirva enquanto estiver quente como prato principal ou acompanhamento. O ratatouille também fica excelente no dia seguinte — cubra com papel-alumínio e reaqueça no forno a 180°C por 15 minutos, ou simplesmente coloque no micro-ondas na temperatura desejada.

Salada de macarrão oriental

SERVE 8 PESSOAS

½ xícara (chá) de **manteiga de amendoim** cremosa

¼ de xícara (chá) de **molho de soja**

¼ de xícara (chá) de **vinagre de arroz**

1 colher (sopa) de **óleo de gergelim**

2 colheres (sopa) de **molho picante Sriracha**

1 colher (sopa) de **gengibre** picadinho

3 **dentes de alho** picadinhos

2 colheres (sopa) de **açúcar mascavo**

Sal

1 caixa de **linguine integral**, ou qualquer massa que desejar

2 **cenouras** grandes cortadas à julienne

2 **pepinos** descascados

1 **pimentão vermelho** cortado em tiras fininhas

1 **pimentão amarelo** cortado em tiras fininhas

3 **cebolinhas** picadinhas

¼ de xícara (chá) de **coentro** fresco picadinho

¼ de xícara (chá) de **amendoim**

A manteiga de amendoim sai do pote e vai direto para esse famoso prato chinês. A vantagem de fazê-lo em casa é que o seu não vai ficar empapado ou grudento, como alguns restaurantes de delivery enviam. O molho é doce, picante, salgado e sublime, dando um sabor inesquecível tanto ao macarrão quanto aos vegetais crocantes.

1 Em uma tigela média, misture a manteiga de amendoim, o molho de soja, o vinagre de arroz, o óleo de gergelim, o molho Sriracha, o gengibre, o alho, o açúcar mascavo e ¼ de xícara (chá) de água.

2 Coloque água com sal para ferver em uma panela grande. Cozinhe a massa de acordo com as instruções do fabricante. Escorra e coloque sob água corrente para esfriar.

3 Junte a massa com os vegetais cortados. Despeje o molho sobre a massa e os vegetais e misture bem. Cubra e deixe na geladeira por, no mínimo, 1 hora, ou durante a noite. Para servir, decore com o coentro picado e o amendoim.

OS MELHORES DO MUNDO

as sobremesas de três ingredientes mais fáceis do mundo em quatro versões 108 os biscoitos amanteigados mais leves do mundo 113 os brownies mais densos do mundo 114 o pão de alho com queijo mais gostoso do mundo 115 os cookies de chocolate mais macios do mundo 116 as asinhas de frango picante mais crocantes do mundo 118 o frango frito com mel mais suculento do mundo 119 o sorvete mais cremoso do mundo em duas versões 120

As sobremesas de três ingredientes mais fáceis do mundo em quatro versões

Se você sabe contar até três, consegue fazer qualquer uma dessas sobremesas divinas. Nós cuidamos de você, docinho.

DIP DE S'MORES CLÁSSICO

SERVE 4 PESSOAS

450g de **chocolate meio amargo**

450g de **marshmallows** grandes

15 **biscoitos cream cracker**

1 Preaqueça o forno a 180ºC.

2 Coloque o chocolate meio amargo, em uma camada uniforme, em uma frigideira grande que possa ir ao forno ou de ferro fundido. Coloque os marshmallows por cima, também em uma camada uniforme. Asse por 20 minutos, ou até que estejam bem dourados. Sirva com os biscoitos, para fazer um dip.

BROWNIES TRIPLOS

SERVE 4 PESSOAS

450g de **massa de cookie** (ver receita da pág. 116)

16 **biscoitos Oreo** ou similar

½ **caixa de massa para brownie**, preparada conforme instruções do fabricante

1 Preaqueça o forno a 180ºC.

2 Pressione a massa de cookie em uma camada uniforme no fundo de uma assadeira quadrada de 23x23cm. Coloque os biscoitos por cima, também em uma camada uniforme. Despeje a massa de brownie por cima, espalhando-a sobre os biscoitos. Asse por 45-50 minutos, até que, ao inserir um palito, ele saia limpo. Deixe esfriar, corte e sirva.

PALMIER

SERVE 4 PESSOAS

1 folha de **massa folhada** descongelada

4 colheres (sopa) de **manteiga** derretida

1 xícara (chá) de **açúcar cristal**

1 Abra a massa folhada. Com as mãos ou um rolo de massa, alise as marcas de dobra, se tiver, formando um retângulo reto. Pincele a manteiga derretida sobre a massa folhada. Polvilhe metade do açúcar cristal por cima e espalhe bem. Com o rolo de massa, abra um pouco mais a massa, pressionando o açúcar para dentro dela. Vire a massa do outro lado e repita o processo com a manteiga e o restante do açúcar, pressionando-o de novo com o rolo.

2 Enrole de maneira firme a parte de baixo da massa até o meio, e faça o mesmo com a parte de cima, de forma que os rolinhos se encontrem no centro. Eles devem ser do mesmo tamanho. Envolva em papel-filme e leve à geladeira por cerca de 30 minutos.

3 Preaqueça o forno a 220ºC.

4 Retire o papel-filme e pressione um dos rolinhos por cima do outro. Corte as pontas irregulares, e, então, corte fatias de 1cm. Elas devem parecer corações esmagados. Coloque as fatias em uma assadeira forrada com papel-manteiga, com cerca de 5cm de distância umas das outras, para que possam crescer. Asse por 15 minutos, virando-as na metade do tempo, até que o açúcar tenha caramelizado e os biscoitinhos estejam bem dourados.

TRUFAS DE COOKIES 'N' CREAM

SERVE 6 PESSOAS

36 **biscoitos Oreo** ou similar

225g de **cream cheese** em temperatura ambiente

340g de **chocolate branco** derretido

1 Em um processador, bata os biscoitos até virarem uma farinha fina. Reserve cerca de 2 colheres (sopa) da farinha para polvilhar nas trufas. Em uma tigela grande, misture a farinha de biscoitos com o cream cheese, mexendo até que estejam bem incorporados. Leve a mistura à geladeira por cerca de 1 hora, ou até que tenha consistência para fazer bolinhas que não se desmanchem.

2 Divida e enrole a massa em bolinhas do tamanho de uma bola de pingue-pongue. Mergulhe uma trufa no chocolate branco derretido e coloque-a em uma assadeira forrada com papel-manteiga. Polvilhe um pouco da farinha de biscoitos reservada por cima antes que o chocolate endureça. Repita o procedimento com o restante das trufas, reaquecendo o chocolate, se necessário.

DIP DE S'MORES CLÁSSICO

TRUFAS DE COOKIES 'N' CREAM

BROWNIES TRIPLOS

< PALMIER

Os biscoitos amanteigados mais leves do mundo

RENDE 24 UNIDADES

PARA OS BISCOITOS

3 e ½ xícaras (chá) de **farinha de trigo**

1 e ½ colher (chá) de **bicarbonato de sódio**

¼ de colher (chá) de **sal**

1 xícara (chá) de **manteiga sem sal** em temperatura ambiente

¾ de xícara (chá) de **açúcar refinado**

½ xícara (chá) de **sour cream**

1 **ovo**

1 colher (chá) de **extrato de baunilha**

PARA A COBERTURA

½ xícara (chá) de **manteiga sem sal** em temperatura ambiente

2 xícaras (chá) de **açúcar de confeiteiro**

2 colheres (sopa) de **leite**

Por que "cortar e assar" quando você pode "fazer e assar"? A cobertura fácil e brilhosa é a cereja do bolo (ou, nesse caso, do biscoito).

1 Preaqueça o forno a 150ºC. Forre uma assadeira com papel-manteiga.

2 Em uma tigela média, misture a farinha, o bicarbonato e o sal. Reserve.

3 Em uma tigela grande, misture a manteiga e o açúcar usando um *fouet*, até que fique uma mistura leve e sedosa, por cerca de 5 minutos. Acrescente o ovo e bata até que esteja totalmente incorporado. Adicione o sour cream e a baunilha e misture até ficar cremoso. Acrescente a mistura de farinha, um terço de cada vez, até que esteja totalmente incorporada.

4 Enfarinhe levemente uma superfície e coloque a massa. Pressione-a em formato de disco e envolva-a em papel-filme. Leve à geladeira por 1 hora.

5 Retire o papel-filme da massa e enfarinhe levemente a superfície mais uma vez. Abra a massa com cerca de 1cm de espessura. Corte-a em círculos usando um copo ou um cortador de massa.

6 Transfira os biscoitos para a assadeira preparada, deixando cerca de 2,5cm de distância entre eles. Asse por 8 minutos, até que a parte de baixo deles esteja bem dourada, e a parte de cima, opaca. Deixe que esfriem em uma grade.

7 Faça a cobertura. Em uma tigela, bata a manteiga com um *fouet* até ficar fofa. Peneire por cima o açúcar de confeiteiro e bata até incorporar. Adicione o leite e continue batendo até que a mistura fique cremosa e aveludada. Passe por cima dos biscoitos já frios e decore como desejar.

Os brownies mais densos do mundo

RENDE 9 UNIDADES

225g de **chocolate de boa qualidade**

¾ de xícara (chá) de **manteiga** derretida

1 e ¼ de xícara (chá) de **açúcar**

2 **ovos**

2 colheres (chá) de **extrato de baunilha**

¾ de xícara (chá) de **farinha de trigo**

¼ de xícara (chá) de **cacau em pó**

1 colher (chá) de **sal**

Dizer que alguma coisa é a melhor do mundo é um pouco demais, mas esse brownie realmente é o epítome das sobremesas deliciosas. A superioridade dele depende de dois movimentos certeiros: não colocar farinha em excesso e compensar no chocolate. Aliás, já que o assunto é chocolate, use o melhor chocolate meio amargo que encontrar — vale a pena.

1 Preaqueça o forno a 180ºC. Forre uma assadeira quadrada de 20cm com papel-manteiga.

2 Pique o chocolate em pedaços. Derreta a metade do chocolate no micro-ondas em intervalos de 20 segundos, e reserve a outra metade.

3 Em uma tigela grande, misture a manteiga e o açúcar, e então bata os ovos e a baunilha por 1-2 minutos, até que a mistura fique fofa e clara. Misture o chocolate derretido (certifique-se de que ele não esteja muito quente, ou os ovos vão cozinhar); peneire por cima a farinha, o cacau em pó e o sal. Misture os ingredientes secos nos úmidos, tendo o cuidado de não mexer demais, pois isso faz com que os brownies fiquem com a textura de um bolo. Adicione os pedaços de chocolate e transfira a massa para a assadeira preparada.

4 Asse por 20-25 minutos, dependendo do quão densos você queira que os seus brownies fiquem, e depois deixe-os esfriar completamente. Corte e sirva com um belo copo de leite!

O pão de alho com queijo mais gostoso do mundo

SERVE 4 PESSOAS

⅓ de um tablete de **manteiga** em temperatura ambiente

⅓ de xícara (chá) de **salsinha** fresca picadinha

⅓ de xícara (chá) de **cebolinha** picada

⅓ de xícara (chá) de **orégano** fresco picadinho

5 **dentes de alho** picadinhos

½ xícara (chá) de **queijo cheddar** ralado

½ xícara (chá) de **queijo muçarela** fresco picado

½ xícara (chá) de **queijo parmesão** ralado

Uma **baguete** de 20cm

Na categoria das comidas irresistíveis, essa receita reina no topo. São três tipos de queijo — pode contar — em um recheio amanteigado de ervas, cobrindo uma baguete cortada ao meio. Assado até borbulhar, é definitivamente a versão mais gostosa de pão de alho que você já provou.

1. Preaqueça o forno a 200ºC. Forre uma assadeira com papel-manteiga.

2. Em uma tigela, misture a manteiga, as ervas, o alho e os queijos, e mexa até ficar cremoso.

3. Divida a baguete ao meio no sentido do comprimento e espalhe a mistura amanteigada na quantidade que desejar sobre as metades da baguete. (Se sobrar, o recheio amanteigado pode ser congelado por até 1 mês.) Coloque a baguete na assadeira preparada e asse por 15 minutos, até que o queijo esteja borbulhando e comece a dourar nas bordas. Corte em fatias, deixe esfriar um pouco e sirva!

Os cookies de chocolate mais macios do mundo

RENDE DE 8 A 12 UNIDADES

½ xícara (chá) de **açúcar refinado**

¾ de xícara (chá) de **açúcar mascavo**

1 colher (chá) de **sal**

½ xícara (chá) de **manteiga** derretida

1 **ovo**

1 colher (chá) de **extrato de baunilha**

1 e ¼ de xícara (chá) de **farinha de trigo**

½ colher (chá) de **bicarbonato de sódio**

115g de **chocolate ao leite** ou **meio amargo** em pedaços

115g de **chocolate amargo** em pedaços

Você gosta de comidas crocantes ou macias? Seja lá qual for a resposta, vai ser paixão à primeira mordida por esses cookies saborosos e cheios de chocolate. A manteiga derretida é um dos segredos para a textura macia e o formato levemente achatado deles. Usar uma quantidade generosa de açúcar mascavo, tomar cuidado para não misturar demais a massa e assá-los um pouquinho menos do que o necessário funcionam muito bem nessas delícias.

1 Em uma tigela grande, usando um *fouet*, bata os açúcares, o sal e a manteiga até formar uma pasta, sem empelotar. Acrescente o ovo e a baunilha e bata até que tenha uma textura cremosa e aveludada. Peneire a farinha de trigo e o bicarbonato na massa e misture delicadamente com uma espátula. (Cuidado para não mexer demais, o que faria com que o glúten da farinha endurecesse, resultando numa textura de bolo.) Adicione os pedaços de chocolate e leve à geladeira por, no mínimo, 30 minutos. Para um sabor mais intenso de caramelo e uma cor mais forte, deixe a massa na geladeira durante a noite. Quanto mais a massa descansar, mais gostoso será o sabor final.

2 Preaqueça o forno a 180°C. Forre uma assadeira com papel--manteiga.

3 Com uma colher de sorvete, distribua bolas da massa na assadeira, deixando um espaço de uns 10cm entre cada uma e de 5cm das laterais da assadeira, para que os cookies possam crescer.

4 Asse por 12-15 minutos, ou até que as bordas comecem a dourar. Deixe esfriar completamente e aproveite!

As asinhas de frango picante mais crocantes do mundo

SERVE 4 PESSOAS

¾ de xícara (chá) de **amido de milho**

900g de **asas de frango**, lavadas e levemente secas com papel-toalha

¼ de xícara (chá) de **farinha de trigo**

1 colher (chá) de **páprica picante**

1 colher (chá) de **alho em pó**

1 colher (chá) de **pimenta caiena em pó**

2 colheres (chá) de **fermento em pó**

2 colheres (chá) de **sal**

1 colher (chá) de **pimenta--do-reino**

Óleo vegetal ou de **amendoim**, para fritar

½ xícara (chá) de **molho buffalo**

Dip de molho ranch ou de **queijo azul**, para servir

Talos de aipo, para servir

Quem diria que o amido de milho faz as coisas mais crocantes do mundo? Agora você sabe. De nada.

1. Em uma tigela, misture ¼ de xícara (chá) de amido de milho e as asas de frango, até que estejam totalmente cobertas. Transfira as asas para uma grade e deixe que descansem e sequem por 20 minutos. Melhor se for na geladeira, caso você tenha espaço!

2. Em uma tigela, usando um *fouet*, misture a ½ xícara (chá) restante de amido de milho, a farinha de trigo, a páprica, o alho em pó, a pimenta caiena, o fermento, o sal e a pimenta-do-reino. Aos poucos, adicione ⅔ de xícara (chá) de água, desempelotando a massa, se necessário, e mexendo até que fique cremosa. A massa deve ficar só um pouquinho rala.

3. Aqueça o óleo em uma panela a 180ºC.

4. Passe as asas de frango na massa, deixando escorrer o excesso. Adicione-as à panela em levas, cozinhando de 8-10 minutos, até que fiquem bem douradas. Quando estiverem cozidas, transfira-as para uma grade sobre uma assadeira forrada com papel-toalha.

5. Transfira as asas de frango para uma tigela limpa e regue--as com o molho buffalo, mexendo para cobri-las. Transfira para um prato de servir. Sirva com um dos molhos — ranch ou queijo azul — e com os talos de aipo.

O frango frito com mel mais suculento do mundo

SERVE 8 PESSOAS

2 colheres (sopa) de **sal**

3 colheres (sopa) de **pimenta--do-reino**

2 colheres (sopa) de **cebola em pó**

2 colheres (sopa) de **alho em pó**

3 colheres (sopa) de **páprica doce**

2 colheres (sopa) de **cominho em pó**

2 colheres (sopa) de **orégano seco**

2 colheres (chá) de **pimenta caiena em pó**

3 xícaras (chá) de **farinha de trigo**

4 **sobrecoxas de frango** com pele e osso

4 **coxas de frango** com pele e osso

3 xícaras (chá) de **iogurte natural**

Óleo vegetal ou **de amendoim**, para fritar

Mel, para servir

Abuse do seu armário cheio de vidrinhos de temperos para esse frango. Marinar o frango no iogurte é um truque antigo, e por um bom motivo: ele amacia a carne e é a cola perfeita para uma camada de farinha, resultando no melhor frango com mel do mundo.

1 Em uma tigela média, junte o sal, a pimenta-do-reino, a cebola em pó, o alho em pó, a páprica, o cominho, o orégano e a pimenta caiena e misture. Em outra tigela, junte metade do mix de temperos com a farinha, mexendo até que as especiarias estejam bem distribuídas.

2 Coloque o frango em uma tigela e polvilhe o restante dos temperos por cima. Misture até que todos os pedaços de frango estejam totalmente cobertos. Despeje o iogurte sobre o frango e misture até que as especiarias que sobraram no fundo da tigela se misturem ao iogurte, criando uma cor laranja-clara. Deixe o frango marinar na geladeira por 2 horas, ou durante a noite.

3 Aqueça o óleo a 160ºC em uma frigideira grande de ferro fundido.

4 Passe cada pedaço de frango na farinha, batendo para retirar o excesso. Mergulhe-os de volta na marinada de iogurte e, então, mais uma vez, na farinha. Certifique--se de bater para tirar o excesso de farinha, ou ela vai queimar enquanto frita.

5 Frite de 3 a 4 pedaços de frango de cada vez, virando-os de vez em quando. Cozinhe por 10-12 minutos, até que estejam bem dourados e crocantes, e que a temperatura interna atinja 75ºC. Deixe que o frango descanse em uma grade para que o excesso de óleo seque.

6 Regue o frango com mel e sirva.

O sorvete mais cremoso do mundo em duas versões

Creme de leite fresco e chocolate amargo são os denominadores comuns nessas duas variações fáceis e gostosas da sobremesa queridinha de todos. Numa delas, mistura-se gema de ovo para um resultado mais rico e denso, mas ambas as receitas resultam em um sorvete de sucesso para as suas visitas.

SORVETE DE CHOCOLATE DE TRÊS INGREDIENTES

SERVE 6 PESSOAS

285g de **chocolate meio amargo** derretido

1 lata de **leite condensado**

475ml de **creme de leite** fresco

1 Coloque uma tigela grande de vidro ou de aço inox no freezer por, no mínimo, 15 minutos.

2 Em uma tigela pequena que possa ir ao micro-ondas, misture o chocolate e o leite condensado. Leve ao micro-ondas em intervalos de 30 segundos, mexendo após cada intervalo, até que o chocolate tenha derretido. Reserve para esfriar um pouco.

3 Retire a tigela do freezer e adicione o creme de leite fresco. Bata na batedeira até que o creme comece a formar picos firmes. Coloque uma colherada grande do chantilly na mistura de chocolate para afiná-lo. Misture o chocolate no chantilly até que esteja incorporado, tendo cuidado para não mexer demais, o que vai tirar o ar do chantilly.

4 Despeje em uma forma de pão ou em uma forma quadrada de 23x23cm. Cubra e leve ao freezer até firmar, por cerca de 4 horas.

O VERDADEIRO SORVETE DE CHOCOLATE

SERVE 10 PESSOAS

2 xícaras (chá) de **creme de leite** fresco

1 e ½ xícara (chá) de **leite integral**

¾ de xícara (chá) de **açúcar**

¼ de xícara (chá) de **cacau em pó**

¼ de colher (chá) de **sal**

7 **gemas**

285g de **chocolate meio amargo** derretido e levemente frio

EQUIPAMENTO ESPECIAL
Máquina de fazer sorvete

1   Em uma panela média em fogo médio, coloque o creme de leite fresco, o leite, ½ xícara (chá) de açúcar, o cacau em pó e o sal. Aqueça a mistura, mexendo de vez em quando, até que o açúcar tenha se dissolvido e a mistura esteja quente e começando a borbulhar (mas ainda sem ferver). A temperatura deve alcançar entre 80-82ºC. Desligue o fogo.

2   Enquanto a mistura de leite aquece, com um *fouet*, misture o ¼ de xícara (chá) restante de açúcar com as gemas em uma tigela pequena. Acrescente o chocolate derretido até obter uma mistura cremosa.

3   Adicione uma boa quantidade, cerca de 1 xícara (chá), da mistura de leite quente à mistura de chocolate, e bata até ficar cremosa. Despeje essa mistura de volta à panela e ligue o fogo. Cozinhe em fogo médio-baixo por 5-10 minutos, mexendo constantemente, até que a mistura tenha engrossado e comece a soltar fumaça, ou até que a temperatura atinja entre 80-82ºC em um termômetro culinário. Não deixe que a mistura ferva.

4   Retire a panela do fogo e passe a mistura em uma peneira ultrafina dentro de uma tigela grande. Deixe que a mistura esfrie antes de cobrir com papel-filme e levar ao freezer por, no mínimo, 4 horas, ou, de preferência, durante a noite.

5   Quando tiver esfriado, transfira a mistura para uma máquina de sorvete e siga as instruções do fabricante. Sirva imediatamente ou transfira o sorvete para uma forma de pão ou uma forma quadrada de 23x23cm. Cubra e leve ao freezer até firmar.

O VERDADEIRO
SORVETE DE
CHOCOLATE

MUNDO AFORA

dumpling em três versões 126 panqueca alemã (ou *dutch baby*) 128 frango empanado agridoce 129 frango tikka masala 130 *dumpling* em formato de rosa 132 tacos al pastor 133 torta de maçã francesa (*tarte tatin*) 135 frango caramelizado no abacaxi 136

Dumpling em três versões

RENDE DE 24 A 32 UNIDADES

Preparar a massa do seu próprio *dumpling* é simples e barato, e você vai se sentir um profissional. Essas três sugestões de recheio — vegetariano, porco e camarão — são só o começo. Quando pegar o jeito de fazer a massa, você vai poder improvisar os recheios pelo restante da vida no mundo dos *dumplings*.

4 xícaras (chá) de **farinha de trigo**
2 colheres (chá) de **sal**
1 e ¼ de xícara (chá) de **água quente**
2 xícaras (chá) de **repolho roxo**
2 xícaras (chá) de **cebolinha** picada
6 **dentes de alho** picadinhos
4 colheres (sopa) de **gengibre** picadinho
2 colheres (sopa) de **molho de soja**
2 colheres (sopa) de **óleo de gergelim**
225g de **carne de porco moída**
½ colher (chá) de **pimenta-do-reino**
¾ de xícara (chá) de **cogumelos** picados
¾ de xícara (chá) de **cenoura** picada
225g de **camarão** descascado e limpo
¼ de xícara (chá) de **óleo vegetal**

PARA O MOLHO

¼ de xícara (chá) de **molho de soja**
¼ de xícara (chá) de **vinagre de arroz**
1 colher (chá) de **óleo de gergelim**
1 colher (chá) de **pimenta calabresa**

1 Junte a farinha, 1 colher (chá) de sal e a água quente e misture bem até virar uma massa. Abra a massa em uma superfície enfarinhada e sove até que fique macia. Separe-a em 4 partes iguais.

2 Abra um pedaço de massa em um retângulo comprido e divida-a em 6 ou 8 pedaços, dependendo do tamanho que você quiser os seus *dumplings*. Enfarinhe levemente os pedaços divididos da massa e abra cada um em um círculo fino de 10cm de diâmetro. Mantenha os discos abertos separados com papel-manteiga, e repita o processo com o restante da massa.

3 Misture o repolho, a cebolinha, o alho, o gengibre, o molho de soja e o óleo de gergelim, e mexa até estarem bem incorporados.

< **CAMARÃO**

4 **Para o recheio de porco**, junte a carne de porco moída com a colher (chá) restante de sal, a pimenta-do-reino e 1 xícara (chá) da mistura de repolho, e mexa até estar tudo bem incorporado.

5 **Para o recheio vegetariano**, junte os cogumelos e a cenoura e leve ao micro-ondas por 3 minutos, até ficarem macios. Adicione 1 xícara (chá) da mistura de repolho e mexa até estar tudo bem incorporado.

6 **Para o recheio de camarão**, junte o camarão com 1 xícara (chá) da mistura de repolho e mexa até estar tudo bem incorporado.

7 Para montar os *dumplings*, coloque uma colher (sopa) generosa de um dos recheios no centro do disco de massa. Com o dedo, umedeça levemente a metade da borda com água. Dobre a metade umedecida sobre a outra metade, cobrindo o recheio, e use um garfo para fechar as bordas e selar. Repita o processo com as massas e os recheios restantes.

8 Aqueça o óleo em uma frigideira grande em fogo médio-alto e adicione alguns *dumplings*, fritando-os em levas. Quando a parte de baixo dos *dumplings* começar a dourar, acrescente um pouquinho de água e cubra com uma tampa. Deixe cozinhar no vapor por 5 minutos, ou até que estejam cozidos e a água tenha evaporado. Coloque os *dumplings* cozidos em um prato forrado com papel-toalha para remover o excesso de água ou gordura.

9 Em uma tigela pequena, junte o molho de soja, o vinagre, o óleo de gergelim e a pimenta calabresa, e mexa até misturar. Sirva os *dumplings* imediatamente com o molho à parte.

Panqueca alemã (ou *dutch baby*)

SERVE 6 PESSOAS

3 **ovos**

1 e ½ colher (sopa) de **açúcar refinado**

1 pitada de **sal**

¾ de xícara (chá) de **leite** morno

2 colheres (chá) de **extrato de baunilha**

¾ de xícara (chá) de **farinha de trigo**

3 colheres (sopa) de **manteiga**, sendo 1 derretida

Açúcar de confeiteiro, para servir

Morangos fatiados, para servir

Essa panqueca é mágica! Ao mesmo tempo aerada, fofinha e crocante, fazê-la é como fazer um bolinho gigante para uma multidão. Despeje a massa na manteiga quente, coloque no forno e finalize este balão de ar comestível com frutas frescas e açúcar de confeiteiro.

1 Preaqueça o forno a 200ºC.

2 Junte os ovos, o açúcar refinado, o sal, o leite morno, a baunilha, a farinha e 1 colher (sopa) de manteiga derretida em um liquidificador ou processador, e bata até ficar uma massa cremosa.

3 Preaqueça uma frigideira que possa ir ao forno em fogo médio-alto por 3-4 minutos. Derreta as 2 colheres (sopa) restantes de manteiga. Despeje a massa na frigideira quente e então, imediatamente e com cuidado, coloque a frigideira no forno e asse por 25-30 minutos. Está pronta quando a panqueca atingir uma cor âmbar bonita e as laterais tenham crescido consideravelmente. Retire com cuidado a panqueca da frigideira e deixe esfriar em uma grade.

4 Sirva-a quente, com açúcar de confeiteiro polvilhado por cima e morangos fatiados.

Frango empanado agridoce

RENDE 6 UNIDADES

500g de **frango** em cubos

½ xícara (chá) de **amido de milho**

2 **ovos**

Óleo para fritar

Sal e **pimenta** a gosto

PARA O MOLHO

1 colher de sopa de **óleo**

½ colher de sopa de **alho** picado

1 **pimentão** picado

¾ de xícara (chá) de **vinagre de maçã**

1 colher de sopa de **molho de soja**

¼ de xícara (chá) de **ketchup**

½ xícara (chá) de **açúcar**

PARA DECORAR

Cebolinha picada

Gergelim

Se você gosta de combinações inusitadas de sabores, não deixe de experimentar essa receita. Se isso ainda não for muito a sua praia, não deixe de experimentar essa receita — ela vai surpreender você.

1 Tempere o frango com sal e pimenta e empane com o amido de milho. Mergulhe os pedaços de frango nos ovos batidos e frite até ficarem dourados, crocantes e cozidos por dentro. Reserve. Retire o excesso de óleo com um papel-toalha, se necessário.

2 Em uma panela grande, aqueça o óleo e refogue o alho até soltar bastante aroma.

3 Adicione o pimentão, o vinagre de maçã, o molho de soja, o ketchup e o açúcar. Deixe ferver.

4 Quando o molho engrossar, adicione o frango. Misture até espalhar bem o molho.

5 Decore com cebolinha picada e gergelim. Sirva com arroz branco.

Frango tikka masala

SERVE DE 4 A 6 PESSOAS

PARA A MARINADA DE FRANGO

3 peitos de **frango** sem pele
e osso

½ xícara (chá) de **iogurte
integral**

Suco de 1 **limão**

6 **dentes de alho** picadinhos

1 colher (sopa) de **gengibre**
picadinho

2 colheres (chá) de **sal**

2 colheres (chá) de **cominho
em pó**

2 colheres (chá) de **garam
masala**

2 colheres (chá) de **páprica
doce**

PARA O MOLHO

3 colheres (sopa) de **óleo**

1 **cebola** grande bem picadinha

2 colheres (sopa) de **gengibre**
picadinho

8 **dentes de alho** picadinhos

2 colheres (chá) de **cominho
em pó**

2 colheres (chá) de **cúrcuma
em pó**

2 colheres (chá) de **coentro
em pó**

2 colheres (chá) de **páprica
doce**

2 colheres (chá) de **pimenta
chili em pó**

2 colheres (chá) de **garam
masala**

1 colher (sopa) de **extrato de
tomate**

3 e ½ xícaras (chá) de **molho
de tomate**

1 xícara (chá) de **creme de leite**
fresco

Folhas de coentro picadas

Palitos de bambu ou de
madeira

Quando você descobrir como é fácil fazer esse delicioso prato à base de tomates, talvez fique propenso a tirar o telefone do seu restaurante delivery preferido da agenda do seu celular. Sirva o frango com arroz e pão naan de acompanhamento.

1 Preaqueça o forno a 260°C. Forre uma assadeira alta com papel-manteiga.

2 Corte o frango em cubos pequenos. Misture aos cubos de frango o iogurte, o suco de limão, o alho, o gengibre, o sal, o cominho, o garam masala e a páprica, e mexa até ficarem bem cobertos.

3 Cubra e leve à geladeira por, no mínimo, 1 hora, ou durante a noite.

4 Coloque os cubos de frango marinados nos palitos de bambu ou madeira e arrume-os na assadeira preparada, certificando-se de que haja espaço embaixo do frango para ajudar a distribuir o calor de maneira uniforme. Asse por 15 minutos, até que as bordas fiquem levemente douradas.

5 Faça o molho. Aqueça o óleo em uma panela grande em fogo médio, e então refogue a cebola, o gengibre e o alho até ficarem macios, mas sem deixar que escureçam. Adicione o cominho, a cúrcuma, o coentro em pó, a páprica, a pimenta chili e o garam masala, e mexa constantemente por cerca de 30 segundos. Acrescente o extrato de tomate, o molho de tomate e 1 e ¼ de xícara (chá) de água. Deixe ferver e cozinhe por 5 minutos. Adicione o creme de leite fresco.

6 Retire o frango dos palitos e coloque-os no molho, cozinhando por mais 1 ou 2 minutos. Sirva decorado com coentro.

Dumpling em formato de rosa

RENDE 8 UNIDADES

PARA O RECHEIO

100g de **camarão** cozido e picado

100g de **carne de porco moída**

2 colheres (chá) de **saquê**

Uma pitada de **sal**

2 colheres (chá) de **molho de soja**

1 colher (chá) de **gengibre** ralado

1 **dente de alho** ralado

25g de **cebolinha** picada

1 colher (chá) de **açúcar**

32 **massas de *dumpling*** ou **gyoza**

2 colheres (sopa) de **óleo de gergelim**

PARA O MOLHO

2 colheres (sopa) de **vinagre de arroz**

2 colheres (sopa) de **molho de soja**

2 colheres (sopa) de **óleo** ou **azeite de uma pimenta de boa qualidade**

Esse *dumpling* realmente parece uma flor quando está pronto, tornando-o um prato muito romântico. Ele não é tão complicado quanto parece. Apenas se certifique de não colocar recheio em excesso nos *dumplings* antes de dobrar, selar e enrolar — isso deixa o processo mais fácil. Uma dica: você precisa de massas redondas de *dumpling* para fazer esse prato!

1 Em uma tigela grande, misture o camarão picado, a carne de porco moída, o saquê, o sal, o molho de soja, o gengibre, o alho, o açúcar e a cebolinha, e mexa até que estejam bem misturados.

2 Com o dedo, passe água na borda direita de uma massa de *dumpling*. Coloque outra massa sobre a borda, de forma que se sobreponha levemente, e pressione firme. Repita com mais 2 massas.

3 Coloque uma colherada do recheio no centro de cada massa. Umedeça as bordas das massas e dobre cada uma de cima para baixo, certificando-se de que as bordas permaneçam sobrepostas, e sele-as bem. Com cuidado, enrole os *dumplings* em um formato circular, da esquerda para a direita, criando o formato de uma flor. Repita o processo com as massas restantes, e faça 8 *dumplings* de rosa no total.

4 Aqueça 1 colher (sopa) de óleo de gergelim em uma panela sobre fogo médio-alto. Acrescente os *dumplings* e cozinhe por 2 minutos, até que a parte de baixo comece a dourar. Adicione um pouquinho de água na panela e tampe. Deixe cozinhar no vapor por 10 minutos. Retire a tampa e regue a colher (sopa) restante de óleo de gergelim. Cozinhe em fogo baixo por 3 minutos.

5 Em uma tigela pequena, misture os ingredientes do molho e mexa bem. Retire os *dumplings* da panela e sirva acompanhados do molho.

Tacos al pastor

SERVE DE 10 A 12 PESSOAS

2,5kg de **ombro de porco**

3 colheres (sopa) de **colorau em pasta**

2 colheres (sopa) de **pimenta em pó**

1 colher (sopa) de **alho em pó**

1 colher (sopa) de **orégano**

1 colher (sopa) de **cominho**

1 colher (sopa) de **sal**

1 colher (sopa) de **pimenta--do-reino**

¾ de xícara (chá) de **vinagre**

1 xícara (chá) de **suco de abacaxi**

1 **abacaxi** descascado e fatiado em rodelas de 2,5cm

1 **espeto grosso de madeira**, cortado da altura do seu forno

10-12 **tortilhas de milho** pequenas

1 **cebola** branca, em fatias finas

1 xícara (chá) de **coentro** em pedaços pequenos

1 xícara (chá) de **molho de sua escolha**

Nós temos o churrasquinho, os mexicanos têm os Tacos al pastor. Comida popular das ruas do México, a carne no espeto lembra o nosso churrasquinho grego, e o abacaxi que assa junto ajuda a criar um sabor único que facilmente fará você e os seus convidados soltarem um ¡Ay, caramba!

1 Preaqueça o forno a 180ºC.

2 Corte o ombro de porco em fatias com cerca de 1cm, em seguida, transfira para um prato ou uma tigela grande.

3 Em uma tigela, misture o colorau, a pimenta em pó, o alho em pó, o orégano, o cominho, o sal, a pimenta, o vinagre e o suco de abacaxi, triturando e mexendo até ficar homogêneo e sem bolinhas.

4 Despeje a marinada sobre a carne; em seguida, mexa as fatias de porco para garantir que elas fiquem completamente cobertas. Enrole o prato/ tigela em plástico-filme, em seguida, marine a carne de porco por pelo menos 2 horas na geladeira.

5 Em uma assadeira forrada com papel-manteiga ou papel-alumínio, coloque uma fatia ou duas do abacaxi. Pegue um espeto de madeira e enfie-o bem no meio do abacaxi.

6 Coloque as fatias ao longo do espeto em camadas, até que sobre um espaço de 2,5cm. Coloque outra fatia de abacaxi no topo.

7 Asse por cerca de 1h30.

8 Deixe a carne descansar por 10 minutos; em seguida, tire fatias finas. Corte fatias finas do abacaxi assado também.

9 Para montar e servir, coloque um pouco de carne de porco sobre as tortilhas, seguido por alguns pedaços de abacaxi, uma pitada de cebola, uma pitada de coentro, e, em seguida, uma colher pequena de molho.

Torta de maçã francesa (*tarte tatin*)

SERVE DE 4 A 6 PESSOAS

1 folha de **massa folhada** descongelada

6 **maçãs**, de preferência fuji ou verdes

½ xícara (chá) de **açúcar**

3 colheres (sopa) de **manteiga** sem sal

Sorvete de baunilha, para servir

Essa receita vira o mundo das sobremesas com maçã de cabeça para baixo — literalmente. Não espere que a torta esfrie completamente para virá-la em um prato; ainda morna é o ponto certo.

1 Usando uma forma de torta redonda de 23cm como molde, corte um círculo de massa folhada. Com um garfo, faça furos por toda a massa para possibilitar a ventilação. Reserve.

2 Descasque e corte em gomos as maçãs, usando uma colher ou um boleador de frutas para tirar as sementes e o meio.

3 Preaqueça o forno a 190°C.

4 Em uma panela grande em fogo médio, distribua 3 colheres (sopa) de água e o açúcar de maneira uniforme e deixe cozinhar até atingir uma cor âmbar clara, mexendo para ajudar a desempelotar, de 5-7 minutos. Adicione a manteiga, mexendo constantemente, até que a cor seja de um dourado claro cremoso. Acrescente as maçãs e mexa até que estejam cobertas de uma camada grossa de caramelo.

5 Cozinhe de 15-20 minutos, certificando-se de virar constantemente as maçãs para que elas fiquem bem caramelizadas. Retire a panela do fogo quando o caramelo tiver reduzido e só restar mais um pouco no fundo. Tome cuidado para não queimar o caramelo, provando-o algumas vezes para garantir que não esteja amargo.

6 Arrume os gomos de maçã em círculo no fundo da forma de torta. Pressione bem as fatias umas nas outras, e então regue-as com o caramelo. Coloque a massa folhada cortada em círculo por cima. Encaixe a massa para dentro das laterais.

7 Asse por 45-50 minutos, até que a massa esteja bem dourada e firme. Deixe esfriar por cerca de 1 hora, e então desenforme-a em um prato. Corte em fatias e sirva com o sorvete de baunilha.

MUNDO AFORA

Frango caramelizado no abacaxi

SERVE 2 PESSOAS

1 **abacaxi** grande

2 colheres (sopa) de **óleo de amendoim** ou **vegetal**

6 **sobrecoxas de frango** sem pele e osso, cortadas em cubos

Sal e **pimenta-do-reino** a gosto

1 colher (sopa) de **molho de hoisin**

1 colher (sopa) de **molho de soja**

1 colher (sopa) de **açúcar mascavo**

1 colher (sopa) de **pasta de alho**

½ xícara (chá) de **caldo de galinha**

Arroz, para servir

Gergelim, para servir

Basicamente uma festa havaiana disfarçada de prato, esse frango tropical suculento usa o abacaxi tanto como uma inspiração saborosa quanto como prato de servir. Quando você compra um abacaxi inteiro, ele deve ter cheiro de abacaxi — isso e uma coloração bem amarela são sinais reveladores de uma fruta madura.

1 Com uma faca afiada, corte o abacaxi ao meio no sentido do comprimento. Com a ponta da faca, corte ao longo da borda, tendo cuidado para não cortar a casca. Faça cortes na horizontal e na vertical da fruta, e então retire os cubos de abacaxi com uma colher. Descarte o meio mais duro e reserve o restante da fruta.

2 Em uma panela grande de 4 litros, aqueça o óleo em fogo médio. Adicione o frango e tempere com sal e pimenta. Frite por certa de 10 minutos, até que esteja dourado e cozido por dentro. Retire o frango da panela e reserve.

3 Acrescente à panela os cubos de abacaxi, o molho de hoisin, o molho de soja, o açúcar mascavo e a pasta de alho, e cozinhe por alguns minutos. Adicione o caldo de galinha, deixe ferver, abaixe o fogo e cozinhe em fervura branda, mexendo de vez em quando, até que o molho tenha reduzido e engrossado.

4 Coloque o frango de volta na panela e mexa até que esteja totalmente coberto pelo molho. Sirva nas metades de abacaxi, acompanhado de arroz e gergelim.

NA MODA

pizza com massa de couve-flor em três versões 142 bola mágica de chocolate 146 cheesecake de unicórnio 149 torta de pão de queijo 150 batata emoji 151 tigela proteica de Buda 152 galáxia de chocolate 155 cheesecake arco--íris 156 espaguete de abobrinha ao molho alfredo com frango 157 biscoitos de *fidget spinner* 158

Pizza com massa de couve-flor em três versões

CADA RECEITA SERVE 2 PESSOAS

Esqueça a questão sem carboidratos aqui: essa massa de couve-flor fica superfirme, não importa como você corte.

MASSA DE PIZZA DE COUVE-FLOR

1 maço de **couve-flor**, sem as folhas e cortado em pedaços

½ colher (chá) de **orégano** seco

½ colher (chá) de **alho em pó**

¼ de colher (chá) de **pimenta calabresa**

½ colher (chá) de **sal marinho**

¼ de xícara (chá) de **queijo parmesão** ralado

1 **ovo** grande

1 Preaqueça o forno a 240°C. Forre uma assadeira com papel-manteiga.

2 Coloque a couve-flor no processador e pulse até que fique do tamanho de grãos de arroz. Transfira para uma tigela que possa ir ao micro-ondas e coloque na potência alta por 3 minutos, ou até que comece a soltar vapor. Retire do micro-ondas e coloque a couve-flor sobre papel-toalha. Enrole-a com o papel e esprema o máximo de líquido que conseguir; espere a couve-flor esfriar um pouco para que possa manuseá-la. Transfira-a para uma tigela. Adicione o orégano, o alho em pó, a pimenta calabresa, o sal, o queijo parmesão e o ovo. Misture bem.

3 Transfira a mistura para uma assadeira e, com as mãos, forme um disco redondo, com 1cm de espessura e 25cm de diâmetro. Asse por 25-30 minutos, ou até que a massa comece a ficar dourada.

PIZZA MARGUERITA COM MASSA DE COUVE-FLOR

Massa de couve-flor (receita à esquerda)

Molho marinara

Queijo muçarela ralado

4 folhas de **manjericão** frescas

Pimenta calabresa, para servir

1 Preaqueça o forno a 240°C.

2 Cubra a massa de pizza assada com molho marinara, queijo muçarela e manjericão, ou ingredientes da sua escolha, e asse por 10 minutos, ou até que o queijo tenha derretido e esteja borbulhando. Sirva com a pimenta calabresa polvilhada.

PIZZA ARCO-ÍRIS COM MASSA DE COUVE-FLOR

Molho de pizza

Massa de couve-flor (receita na página anterior)

Queijo muçarela ralado

4 **tomates secos**

1 **pimentão vermelho**, cortado em fatias

1 **pimentão amarelo**, cortado em fatias

85g de **espinafre baby** lavado e picado

¼ de **cebola roxa**, cortada em fatias finas

Queijo parmesão ralado, para servir

1 Preaqueça o forno a 240°C.

2 Espalhe uma camada de molho de pizza sobre a massa assada e acrescente o queijo muçarela. Coloque os vegetais por cima. Asse por 8-10 minutos, ou até que o espinafre tenha murchado e o queijo tenha derretido. Sirva com o queijo parmesão ralado por cima.

PIZZA DE PIMENTÃO E COGUMELO COM MASSA DE COUVE-FLOR

Massa de couve-flor (receita na página anterior)

1 **pimentão verde**, cortado em fatias

6 **cogumelos** fatiados

¼ de **cebola roxa** cortada em fatias finas

10 **tomates-cereja** cortados ao meio

1 Preaqueça o forno a 240°C.

2 Cubra a massa de pizza assada com o pimentão, os cogumelos, a cebola e os tomates, ou com ingredientes da sua escolha. Asse por 10 minutos, ou até que os tomates estejam macios.

< MARGUERITA

< ARCO-ÍRIS

< PIMENTÃO E COGUMELO

Bola mágica de chocolate

SERVE 2 PESSOAS

225g de **chocolate ao leite** picado ou em gotas

2 **brownies**, preparados como desejar

Frutas vermelhas, para servir

Sorvete, para servir

225g de **chocolate amargo**, 70% cacau ou acima, picado

1 xícara (chá) de **creme de leite** fresco

EQUIPAMENTO ESPECIAL

1 **molde esférico** de 15cm, disponível em lojas de artigos para festas, de utensílios de cozinha ou na internet

Você precisa de um equipamento especial para fazer essa receita — um molde esférico —, mas assim que adquiri-lo, o restante é relativamente fácil e, com certeza, será um verdadeiro show de mágica.

1 Derreta o chocolate ao leite no micro-ondas em intervalos de 20 segundos, mexendo entre eles, até que esteja cremoso.

2 Abra o molde e unte levemente a parte de dentro com um papel-toalha com óleo. Despeje o chocolate dentro de uma das metades. Feche o molde e gire a bola de forma que o chocolate cubra toda a superfície. Continue girando delicadamente por 5 minutos. Pode ser que você precise sacudir a bola um pouquinho para que o chocolate cubra alguns buracos. Leve a bola ao freezer e vire-a após 2 minutos. Continue virando-a a cada 2 minutos, mais 2 ou 3 vezes. Depois disso, o chocolate deve ter endurecido. Deixe no freezer por, no mínimo, 30 minutos.

3 Retire a bola do freezer. Com cuidado, abra o molde e retire a bola de chocolate de dentro dele. Trabalhe rápido e evite tocar a bola por muito tempo com as mãos mornas. Se quiser ser hiper cuidadoso, imediatamente após retirar o molde leve a bola de volta ao freezer por alguns minutos.

4 Passe uma tigela de fundo plano sobre água fervente e depois seque-a. Coloque a tigela invertida em uma superfície plana e, então, coloque a bola de chocolate congelada sobre a base da tigela quente.

5 Arraste-a para a frente e para trás em um movimento delicado, certificando-se de não colocar muita pressão. Use um papel-toalha para ajudar isolar a bola dos seus dedos. Pode ser que precise reaquecer a tigela e limpá-la algumas vezes, uma vez que ela vai esfriar um pouco. Leve a bola de volta ao freezer.

6 Em um prato grande, empilhe os brownies e distribua as frutas vermelhas ao redor. Coloque uma colherada de sorvete por cima dos brownies e posicione delicadamente a bola por

cima. Para cobrir quaisquer buracos ou imperfeições ao longo do processo de deixá-la plana, distribua mais frutas vermelhas ao redor da base.

7 Leve o chocolate amargo ao micro-ondas com o creme de leite fresco em intervalos de 20 segundos, até que fique cremoso e brilhante. Despeje a calda de chocolate sobre a bola em um movimento circular.

Cheesecake de unicórnio

SERVE 8 PESSOAS

PARA O RECHEIO

1,350kg de **cream cheese**

1 xícara (chá) de **açúcar**

2 colheres (sopa) de **extrato de baunilha**

2 xícaras (chá) de **leite** morno

2 colheres (sopa) de **gelatina incolor em pó**

Corante alimentício: azul, roxo e rosa

PARA A MASSA

20 **biscoitos cream cracker**

4 colheres (sopa) de **manteiga sem sal**

⅓ de xícara (chá) de **açúcar**

CHIFRES DE UNICÓRNIO

9 **minicones de waffle**

2 xícaras (chá) de **chocolate branco** derretido

Purpurina comestível: rosa e azul

PARA SERVIR

Purpurina comestível

Bolas de chiclete

Pirulito espiral

Não é divertido viver em uma era em que um conjunto de corantes alimentícios é um componente essencial em qualquer cozinha da moda? O fenômeno unicórnio desperta a criança que existe dentro de todos nós, permitindo-nos espalhar pó mágico comestível sobre qualquer tipo de comida deliciosa. Por exemplo: essa cheesecake de três cores, coberta com pequeninos cones de sorvete como "chifres" e uma galáxia de bolas de chiclete e purpurina.

1 Para fazer o recheio: em uma tigela grande, use um mixer para bater o cream cheese, o açúcar e o extrato de baunilha. Coloque o leite no micro-ondas por 2 minutos e misture a gelatina incolor. Adicione à mistura de cream cheese.

2 Separe o recheio em três tigelas. Coloque uma gota de corante em cada uma, e mexa para misturar.

3 Para fazer a massa, coloque os biscoitos em um saco plástico hermético e, com um rolo de massa, quebre-os até que fiquem como areia. Transfira para uma tigela média e acrescente a manteiga e o açúcar. Misture até que fique homogêneo. Pressione a massa em uma forma com fundo removível de 20cm untada, e leve à geladeira.

4 Coloque a camada de recheio azul por cima da massa e deixe descansar na geladeira por 30 minutos, ou até firmar. Adicione a camada de recheio roxa, e leve à geladeira por 30 minutos. Acrescente o recheio rosa e leve à geladeira por 60 minutos.

5 Para fazer os chifres de unicórnio, mergulhe a borda dos cones no chocolate branco, polvilhe purpurina e leve à geladeira para firmar.

6 Cubra a cheesecake com purpurina, os chifres de unicórnio, as bolas de chiclete e o pirulito.

Torta de pão de queijo

SERVE 8 PESSOAS

3 **ovos**

½ xícara (chá) de **óleo**

1 xícara (chá) de **leite integral**

1 colher (chá) de **fermento químico em pó**

2 xícaras (chá) de **polvilho azedo**

1 xícara (chá) de **queijo parmesão** ralado

Pitada de **sal**

1 xícara (chá) de **queijo muçarela** em cubos

1 xícara (chá) de **presunto** em cubos

1 **tomate** em cubos

2 colheres de sopa de **salsinha** picada

Requeijão para servir

Conselho de amigo: você nunca vai errar com queijo. Queijo é praticamente uma história de amor. Pão de queijo com um pouco de muçarela em cubos e complementos como presunto e tomate é simplesmente a melhor coisa! Se estiver em dúvida, fique à vontade para personalizar essa receita com os seus recheios ou molhos favoritos.

1 Pré-aqueça o forno a 180˚C.

2 Em um liquidificador coloque os ovos, o óleo, o leite, o fermento, o polvilho, o parmesão e o sal. Bata por alguns minutos até ficar bem homogêneo.

3 Em uma forma redonda untada com 21cm de diâmetro, despeje metade da massa.

4 Adicione a muçarela, o presunto, o tomate e a salsinha. E cubra com a outra metade da massa.

5 Asse for 40-45 minutos ou até ficar dourado.

6 Sirva acompanhado de requeijão com salsinha.

Batata emoji

SERVE 4 PESSOAS

3 **batatas russet** descascadas
e cozidas

3 colheres (sopa) de **amido de
milho**

¼ de xícara (chá) de **farinha
de trigo**

3 colheres (sopa) de **farinha
de rosca**

1 **ovo**

Sal e **pimenta-do-reino** a
gosto

Óleo de amendoim ou
vegetal, para fritar

Não há limite para as formas de expressarmos nossas emoções. Em tempo: batata emoji para salvar o dia! Simplesmente molde essa mistura apimentada e maleável em pequenos discos e use uma colher para expressar seus sentimentos mais profundos. É uma ideia tão fofa que você não vai saber se ri ou se chora.

1 Em uma tigela, amasse as batatas cozidas com um garfo ou um amassador de batatas, até que fiquem leves e fofas. Adicione o amido de milho, a farinha de trigo, a farinha de rosca, o ovo, o sal e a pimenta, e misture até formar uma massa levemente empelotada. Transfira para uma superfície enfarinhada e abra a massa até ficar com cerca de 1cm de espessura.

2 Com a tampa de um vidro ou um molde de cookie, corte a massa em círculos. Molde os emojis que desejar usando colheres, canudos, palitos, garfos e seus dedos. Coloque os emojis em uma assadeira forrada com papel-manteiga e leve à geladeira por 30 minutos.

3 Aqueça o óleo a 180°C em uma panela grande e funda.

4 Adicione os emojis e frite por 1-2 minutos, ou até que fiquem bem dourados. Deixe escorrer em papel-toalha ou em uma grade e polvilhe sal. Sirva imediatamente.

Tigela proteica de Buda

SERVE 2 PESSOAS

PARA A MARINADA

2 colheres (sopa) de **óleo vegetal**

½ colher (chá) de óleo de **gergelim**

1 colher (chá) de **molho de pimenta**

2 colheres (chá) de **tomilho** seco

1 colher (chá) de **páprica doce**

½ colher (chá) de **sal**

225g de **tofu firme**, escorrido

1 **batata-doce** descascada e cortada em cubos

1 **cebola** fatiada

2 **dentes de alho** picadinhos

1 colher (sopa) de **óleo de amendoim** ou **vegetal**

1 xícara (chá) de **grão-de--bico** escorrido

½ colher (chá) de **sal**, e mais um pouco a gosto

½ colher (chá) de **pimenta--do-reino**, e mais um pouco a gosto

1 colher (chá) de **pimenta chili em pó**

1 colher (chá) de **alho em pó**

1 e ½ xícaras (chá) de **quinoa** cozida

1 xícara (chá) de **mix de verduras** (folhas diversas, couve baby ou espinafre baby seria bacana!)

¼ de xícara (chá) de **cenoura** ralada

1 **abacate** cortado em cubos

Suco de 1 **limão-siciliano**

Essa tigela fará com que você se ilumine sentado à mesa do almoço. Repleta de proteínas magras para dar energia durante o dia, seus ingredientes podem ser preparados com antecedência e guardados separadamente na geladeira. Dessa maneira, sempre que tiver necessidade de um suplemento saudável de energia, você estará a um simples passo de consumi-lo.

1 Em uma tigela pequena, misture os ingredientes da marinada. Coloque a marinada e o tofu em um pote e leve à geladeira por, no mínimo, 30 minutos, ou até um dia.

2 Preaqueça o forno a 200ºC.

3 Distribua a batata-doce, a cebola e o alho em uma assadeira e regue com o óleo. Tempere com sal e pimenta a gosto. Asse por 20-25 minutos.

4 Em uma tigela pequena, adicione o grão-de-bico, ½ colher (chá) de sal, ½ colher (chá) da pimenta-do-reino, a pimenta chili em pó e o alho em pó, e mexa para misturar. Transfira para uma frigideira e cozinhe em fogo médio por cerca de 10 minutos. Reserve.

5 Frite o tofu na mesma panela por cerca de 10 minutos de cada lado. Retire o tofu da panela e fatie como desejar.

6 Junte a quinoa, as verduras, a batata-doce, a cebola, o grão-de-bico, a cenoura, o tofu e o abacate em uma tigela média, e regue com o suco de limão.

Galáxia de chocolate

RENDE UMA TRAVESSA

700g de **chocolate amargo** picado ou em gotas

700g de **chocolate branco** picado ou em gotas

Corante alimentício em gel: azul e roxo

Purpurina comestível de estrela

Hipnotizante de olhar, e ainda mais de comer, esse doce caseiro com desenho psicodélico fará você se sentir um chocolatier profissional. Simplesmente derreta, ponha cor, polvilhe e faça movimentos espirais — e então decore com pequenas purpurinas de estrelinhas. Cada mordida é algo de outro mundo.

1 Em uma tigela grande, derreta o chocolate amargo no micro-ondas em intervalos de 20 segundos, mexendo entre eles, até ficar cremoso. Mantenha-o morno e reserve.

2 Divida o chocolate branco em duas tigelas e derreta no micro-ondas em intervalos de 20 segundos, mexendo entre eles, até ficar cremoso. Adicione o gel azul em uma tigela e o gel roxo na outra, até que chegue na cor desejada.

3 Unte uma assadeira com papel-manteiga. Despeje o chocolate amargo por cima, usando uma espátula para espalhar, até atingir a espessura desejada.

4 Despeje o chocolate azul sobre o chocolate amargo, e logo em seguida, o chocolate roxo. Use uma faca ou um espeto para fazer espirais nos chocolates até atingir a aparência desejada. Polvilhe com as estrelas. Leve à geladeira por, no mínimo, 2 horas antes de quebrar em pedaços.

Cheesecake arco-íris

SERVE 12 PESSOAS

PARA A BASE

1 e ½ xícara (chá) de **biscoitos**

6 colheres (sopa) de **manteiga** derretida

⅓ de xícara (chá) de **granulado colorido**

PARA O CHEESECAKE

1 xícara (chá) de **creme de leite** fresco

2 colheres (sopa) de **açúcar**

450g de **cream cheese**

395g de **leite condensado**

1 colher (chá) de **essência de baunilha**

Corante roxo, azul, verde, amarelo e rosa

½ xícara (chá) de **granulado colorido**

Essa cheesecake é a união perfeita entre um banquete para os olhos e um festival de sabores para a língua. Não se intimide com a aparente dificuldade: em breve, esse prato perfeito para animar qualquer festa infantil será o novo favorito do seu unicórnio interior!

1 Com um processador ou liquidificador, misture os biscoitos, a manteiga derretida e o granulado.

2 Unte uma forma de fundo removível (21cm de diâmetro) com a mistura de biscoitos e deixe no congelador por 30 minutos.

3 Bata o creme de leite fresco com o açúcar até ficar em ponto de chantilly e reserve.

4 Bata o cream cheese até obter uma textura aerada. Adicione o leite condensado aos poucos, misturando bem a cada adição, e depois adicione a essência de baunilha.

5 Misture o chantilly com a mistura de cream cheese com a ajuda de uma espátula.

6 Divida a massa em 6 potes e adicione uma cor de corante em cada, deixando uma sem colorir.

7 Para montar a cheesecake, adicione primeiro a cor roxa e espalhe até preencher o fundo da forma. Congele por 30 minutos cada camada e repita o processo com as cores azul, verde, amarela e rosa.

8 Finalize com uma camada da cheesecake não colorida e decore com o granulado colorido.

9 Leve ao congelador por pelo menos 2 horas ou até endurecer.

10 Deixe por 15 minutos fora do congelador antes de desenformar.

Espaguete de abobrinha ao molho alfredo com frango

SERVE 2 PESSOAS

3 **abobrinhas**, com as pontas cortadas

2 colheres (sopa) de **manteiga**

2 **sobrecoxas de frango** sem pele e osso, cortadas em fatias finas

1 colher (chá) de **sal kosher**

1 colher (chá) de **pimenta-do--reino** moída na hora

3 **dentes de alho** picadinhos

¾ de xícara (chá) de **creme de leite** fresco

1 xícara (chá) de **queijo parmesão**, e mais um pouco para servir

2 colheres (sopa) de **salsinha** fresca picadinha, e mais um pouco para servir

Você tem um espiralizador de legumes? Beleza. Não tem? Use um descascador manual ou um mandolim para obter resultados similares. Apenas lembre-se de que, ao contrário do macarrão tradicional, você só precisa cozinhá-los por um minuto no calor do molho.

1 Com um espiralizador, um mandolim ou um descascador, transforme as abobrinhas em um espaguete fino. Leve ao micro-ondas por 1-2 minutos para secar o líquido.

2 Derreta a manteiga em uma panela em fogo médio. Adicione o frango, o sal, a pimenta e o alho e cozinhe até que o alho esteja começando a dourar e o frango esteja totalmente cozido, cerca de 7 minutos. Retire o frango da panela.

3 Acrescente à panela o creme de leite, o queijo parmesão e a salsinha, e mexa até misturar bem. Deixe ferver e mexa até que o molho tenha reduzido para cerca de metade da quantidade, de 3-5 minutos. Volte com o frango para a panela de molho e mexa para cobrir. Desligue o fogo e tempere a gosto com sal e pimenta.

4 Coloque o espaguete de abobrinha no molho e mexa até que esteja totalmente coberto. Sirva com mais queijo parmesão e salsinha, se desejar.

Biscoitos de *fidget spinner*

RENDE 12 UNIDADES

2 e ½ xícaras (chá) de **farinha de trigo**

¾ de xícara (chá) de **açúcar**

¼ de colher (chá) de **sal**

1 xícara (chá) de **manteiga sem sal** em temperatura ambiente

2 colheres (chá) de **extrato de baunilha**

2 colheres (sopa) de **cream cheese** em temperatura ambiente

Glacê real de qualquer cor, para decorar

Não há motivo para ficar nervoso aqui: siga as instruções e você terá uma versão comestível que realmente funciona desse brinquedo terapêutico que virou febre.

1 Em uma tigela grande, junte a farinha, o açúcar e o sal, e misture com uma colher de pau até ficar homogêneo. Acrescente a manteiga e misture até que pareça uma farofa um pouco úmida, por cerca de mais 1 minuto. Adicione a baunilha e o cream cheese e misture até virar uma massa única, por cerca de 30 segundos.

2 Transfira a massa para uma superfície enfarinhada e sove até que vire uma bola densa. Envolva-a em papel-filme e leve à geladeira por, no mínimo, 30 minutos.

3 Preaqueça o forno a 180ºC. Forre uma assadeira com papel--manteiga.

4 Use um *fidget spinner* como guia para moldar 12 unidades com a massa. Use a tampa limpa de uma garrafa d'água para fazer 24 círculos. Pegue a massa que sobrou e abra-a novamente com 1cm de espessura. Com um canudo, faça 12 pequenos cilindros que vão funcionar como a peça de ligação dos biscoitos de *fidget spinner*.

5 Com o mesmo canudo, faça buracos no centro dos biscoitos de *fidget spinner*, girando-os em círculo para alargar um pouco, de forma que fiquem um pouco maior do que o diâmetro dos cilindros. Coloque todas as peças de massa na assadeira.

6 Asse por 7 minutos e retire os cilindros. Gire a assadeira e continue assando por 8 minutos, até que os biscoitos estejam bem dourados.

7 Deixe que esfriem completamente, e então decore-os da forma que desejar, com a sua cor preferida de glacê. Use o glacê real como cola para grudar o cilindro na parte de trás de um dos pequenos círculos. Coloque o cilindro sobre a base do biscoito *fidget spinner* e grude o segundo círculo de biscoito do outro lado com mais glacê. Deixe que o glacê seque antes de tentar girar.

BOLINHAS, BOLINHOS E ANÉIS

trufas de brownie recheadas em quatro versões 162 anel de quesadilla 166 frango enrolado com bacon recheado com guacamole 168 bolinhos de batata com linguiça 170 croquetes de presunto e queijo no estilo japonês (korokke) 171 meia-bola napolitana de brownie 172 onion rings de cheeseburger 177 almôndegas enroladas com cebola, bacon e barbecue 178 anel de lasanha 180 anel de bolo de banana recheado com cheesecake 183

Trufas de brownie recheadas em quatro versões

CADA RECEITA RENDE 16 UNIDADES

O segredo dessas estupendas trufas está na massa. Mistura para brownie, isso mesmo, preparada e recheada com ingredientes dignos de uma loja de doces.

TRUFA DE BROWNIE RECHEADA DE TRUFA

1 **brownie** preparado

16 **trufas de chocolate**

340g de **chocolate** derretido

½ xícara (chá) de **cacau em pó**

1 Coloque o brownie preparado em uma tábua de corte. Com um rolo de massa, abra o brownie até ficar com uma espessura de cerca de 0,5cm. Corte em 16 pedaços iguais.

2 Envolva cada trufa com um quadrado de brownie. Sele a trufa completamente rolando-a sobre uma superfície algumas vezes. Mergulhe cada trufa já envolvida pelo brownie no chocolate derretido, cobrindo toda a bolinha. Cubra com cacau em pó e deixe esfriar na geladeira por, no mínimo, 1 hora, ou até a hora de servir.

TRUFA DE BROWNIE RECHEADA DE MANTEIGA DE AMENDOIM

1 **brownie** preparado

1 xícara (chá) de **manteiga de amendoim**

½ xícara (chá) de **açúcar de confeiteiro**

½ colher (chá) de **extrato de baunilha**

½ xícara (chá) de **cereal de arroz**

340g de **chocolate** derretido

¼ de xícara (chá) de **manteiga de amendoim** morna

1 Coloque o brownie preparado em uma tábua de corte. Com um rolo de massa, abra o brownie até ficar com uma espessura de cerca de 0,5cm. Corte em 16 pedaços iguais.

2 Em uma tigela grande, junte a manteiga de amendoim, o açúcar de confeiteiro, o extrato de baunilha e o cereal de arroz. Misture bem e leve ao freezer de 30 minutos a 1 hora.

3 Faça 16 bolinhas iguais com a mistura de manteiga de amendoim, com cerca de 1 colher (chá) cada. (Um boleador de frutas funciona muito bem para isso.) Envolva cada bolinha de manteiga de amendoim com um quadrado de brownie e role sobre uma superfície algumas vezes para selar. Mergulhe cada trufa no chocolate derretido, cobrindo toda a bolinha. Com uma colher, regue manteiga de amendoim morna sobre as trufas e deixe esfriar na geladeira por 30 minutos, ou até a hora de servir.

TRUFA DE BROWNIE RECHEADA DE MASSA DE COOKIE

1 **brownie** preparado

1 xícara (chá) de **farinha de trigo**

½ xícara (chá) de **açúcar mascavo**

½ xícara (chá) de **manteiga** derretida

¼ de xícara (chá) de **leite**

½ colher (chá) de **extrato de baunilha**

½ colher (chá) de **sal**

½ xícara (chá) de **minigotas de chocolate**

340g de **chocolate** derretido

1 Coloque o brownie preparado em uma tábua de corte. Com um rolo de massa, abra o brownie até ficar com uma espessura de cerca de 0,5cm. Corte em 16 pedaços iguais.

2 Em uma assadeira pequena, asse a farinha de trigo a 180ºC por 5 minutos para matar possíveis bactérias.

3 Em uma tigela grande, junte a farinha, o açúcar mascavo, a manteiga, o leite, a baunilha, o sal e as gotas de chocolate. Misture bem e leve ao freezer de 30 minutos a 1 hora.

4 Faça 16 bolinhas iguais com a massa de cookie, com cerca de 1 colher (chá) cada. Envolva cada bolinha de cookie com um quadrado de brownie. Mergulhe cada trufa no chocolate derretido, cobrindo toda a bolinha, e então deixe esfriar na geladeira por 30 minutos, ou até a hora de servir.

TRUFA DE BROWNIE RECHEADA DE CHEESECAKE

1 **brownie** preparado

225g de **cream cheese** em temperatura ambiente

1 xícara (chá) de **açúcar de confeiteiro**

½ colher (chá) de **extrato de baunilha**

340g de **chocolate** derretido

½ xícara (chá) de **farelo de biscoito cream cracker**

1 Coloque o brownie preparado em uma tábua de corte. Com um rolo de massa, abra o brownie até ficar com uma espessura de cerca de 0,5cm. Corte em 16 pedaços iguais.

2 Em uma tigela grande, junte o cream cheese, o açúcar de confeiteiro e a baunilha. Misture bem e leve ao freezer de 30 minutos a 1 hora.

3 Faça 16 bolinhas iguais com a mistura de cheesecake, com cerca de 1 colher (chá) cada. Envolva cada bolinha de cheesecake com um quadrado de brownie. Mergulhe cada trufa no chocolate derretido, cobrindo toda a bolinha. Cubra com o farelo de biscoito e deixe esfriar na geladeira por 30 minutos, ou até a hora de servir.

BOLINHAS, BOLINHOS E ANÉIS

< MANTEIGA DE AMENDOIM

Anel de quesadilla

SERVE 20 PESSOAS

2 xícaras (chá) de **frango** cozido e desfiado

1 **cebola** picada

1 **pimentão vermelho** picado

1 **pimenta jalapeño** picada

1 xícara (chá) de **molho para taco**

20 **tortillas para taco**

3 xícaras (chá) de **queijo cheddar** ralado

3 xícaras (chá) de **queijo parmesão**, **suíço** ou **muçarela** ralado

OPÇÕES PARA SERVIR

Molho salsa

Guacamole

Sour cream

Coentro fresco picado

Quesadilla: deliciosa, mas talvez um pouco boba. Anel de quesadilla para uma festa: delicioso e definitivamente arrasador. Camadas de cones recheados de frango, empilhados entre camadas de queijo derretido, e assados em formato de anel; separá-los produz um efeito imediato do queijo se esticando. E não se esqueça de deixar espaço no meio para o molho — tudo fica melhor com molho.

1 Preaqueça o forno a 190°C. Forre uma assadeira com papel--manteiga.

2 Em uma tigela, coloque o frango, a cebola, o pimentão vermelho, a pimenta jalapeño e o molho para taco, e misture bem. Reserve.

3 Corte cada tortilla ao meio. Espalhe sobre a metade cerca de 2 colheres (sopa) do queijo cheddar, do queijo de sua escolha e da mistura de frango. Enrole cada tortilha em formato de cone, começando pela ponta cortada, certificando-se de não deixar que os ingredientes saiam.

4 Coloque um vidro largo no centro da assadeira. Forme um anel ao redor do vidro com os cones de tortilla. A ponta dos cones deve ficar no centro, encostando no vidro. Deve ter cerca de 13 cones na primeira camada. Polvilhe queijo cheddar e o queijo de sua escolha sobre a camada.

5 Comece a segunda camada de cones colocando um cone sobre e entre dois cones da primeira camada. Continue esse processo com o restante dos cones. No final, deve haver 3 camadas de cones, com 3 cones de sobra para preencher algum espaço vazio por cima.

6 Polvilhe o restante do queijo cheddar e do queijo de sua escolha sobre a pilha de quesadillas. Retire o vidro do meio do anel. Asse até que o queijo tenha derretido e as bordas das tortillas estejam crocantes, de 15-20 minutos.

7 Com cuidado, transfira o anel de quesadilla para um prato de servir. Coloque o molho de sua escolha no centro do anel e cubra com a decoração que quiser. Sirva imediatamente.

Frango enrolado com bacon e recheado com guacamole

RENDE 8 UNIDADES

2 **avocados** maduros

½ **cebola branca** picadinha

½ **tomate** picado

2 colheres (sopa) de **coentro** fresco picado

½ colher (sopa) de **sal kosher**

2 colheres (sopa) de **suco de limão** fresco

4 **peitos de frango** sem pele e osso

Sal e **pimenta-do-reino** a gosto

8 **fatias de bacon**

1 colher (sopa) de **óleo de canola**

Não há um limite de vezes para (1) usar peito de frango sem pele e osso; (2) comer pasta de avocado; (3) saborear bacon crocante. Felizmente, essa receita permite tudo isso. Começar a cozinhar no fogo e terminar no forno é um truque de cozinha de restaurante que garante crocância por fora e suculência e perfeição de cozimento por dentro.

1 Preaqueça o forno a 200ºC.

2 Com uma faca, corte ao redor do caroço do avocado, separando as duas metades. Retire o caroço e use uma colher para retirar a polpa.

3 Em uma tigela grande, junte o avocado, a cebola, o tomate, o coentro, o sal e o suco de limão. Amasse com um garfo e misture até que não haja mais nenhum pedaço grande de avocado.

4 Tempere os peitos de frango com sal e pimenta por todos os lados. Corte-os ao meio na vertical. Faça uma fenda no meio de cada metade para fazer uma espécie de "bolso". Pegue uma colherada cheia de guacamole e recheie o "bolso". Aperte as bordas para fechar.

5 Enrole cada peito de frango com 2 fatias de bacon, certificando-se de que as pontas do bacon se encontrem no mesmo lado do frango.

6 Aqueça o óleo em uma panela em fogo alto. Sele o frango envolto em bacon por 2-3 minutos de cada lado. Lembre-se de selar as laterais do frango também. Coloque o frango em uma assadeira e leve ao forno por 10 minutos, ou até que esteja cozido por dentro e a temperatura interna atinja 75ºC. Sirva imediatamente.

Bolinhos de batata com linguiça

RENDE 16 UNIDADES

3 colheres (sopa) de **manteiga**

1 **cebola** picada

Sal e **pimenta** a gosto

600g de **batata** descascada, picada e cozida

⅓ de xícara (chá) de **queijo cheddar** ralado

¼ de xícara (chá) de **manteiga** em temperatura ambiente

8 **linguiças de porco** fritas

¾ de xícara (chá) de **farinha de trigo**

4 **ovos** batidos

¾ de xícara (chá) de **farinha de rosca**

Óleo de amendoim ou **vegetal**, para fritar por imersão

Molho, para servir

Não há sequer um bar no mundo que não gostaria de ter esses bolinhos de batata com linguiça no cardápio. Envoltos em uma crosta crocante empanada, eles são uma ótima maneira de usar sobras de batata ou de purê. Sirva-os com cerveja em uma festa, ou com ovos fritos para um café da manhã campeão.

1 Derreta a manteiga em uma panela pequena em fogo médio-baixo. Adicione a cebola, tempere com sal e pimenta, e refogue até que fique dourada e caramelizada, mexendo de vez em quando, por cerca de 30 minutos.

2 Amasse junto a batata, a cebola caramelizada, o queijo, a manteiga, sal e pimenta. Corte as linguiças em pedaços de 5cm e envolva-as com a mistura de batata.

3 Prepare três tigelas, cada uma contendo um ingrediente diferente: farinha de trigo, ovos e farinha de rosca. Passe os bolinhos primeiro na farinha de trigo, depois nos ovos e, em seguida, na farinha de rosca, e então mais uma vez nos ovos e, por último, na farinha de rosca novamente. (Para reduzir a bagunça, mantenha uma mão "seca" para passar na farinha de trigo e na farinha de rosca, e uma mão "molhada" para passar nos ovos.)

4 Aqueça o óleo em uma panela grande a 160ºC. Se não tiver um termômetro culinário, pode testar o óleo jogando um pedacinho pequeno de pão dentro dele. Se o pão fritar e dourar em 45 segundos, o óleo está pronto.

5 Com cuidado, frite por imersão as bolinhas de batata e linguiça em levas durante alguns minutos ou até que fiquem bem douradas. Frite quatro bolinhas de cada vez, para que a temperatura do óleo não diminua muito. Escorra-as em papel-toalha, polvilhe sal, e sirva acompanhadas de molho morno.

Croquetes de presunto e queijo no estilo japonês (korokke)

RENDE DE 6 A 8 PORÇÕES

8 **batatas** médias descascadas e cortadas em pedaços médios

2 colheres (chá) de **sal**

1 xícara (chá) de **presunto** picado em pedaços pequenos

¾ de xícara (chá) de **queijo**, cortado em pedaços pequenos

½ **cebolinha** picada

1 colher (chá) de **pimenta**

1 colher (sopa) de **leite**

1 xícara (chá) de **farinha de trigo**

4 **ovos** batidos

2 xícaras (chá) de **farinha de rosca** (ou **farinha para empanar**)

Óleo, para fritar

Repolho verde picado para servir

Molho Tonkatsu para servir

Se você é desses que gosta de preparar uma receita raiz com toques de raio gourmetizador, arregace as mangas e pegue os ingredientes, pois essa delícia poderia estar no cardápio de qualquer boteco chique, mas está bem na ponta dos seus dedos — e em breve estará na sua mesa.

1 Aqueça água em uma panela até a fervura e adicione as batatas, 1 colher (chá) de sal e mexa.

2 Cubra e ferva por 10-15 minutos, até que um garfo possa furar as batatas com facilidade.

3 Seque as batatas em uma toalha, permitindo que resfriem para remover o excesso de umidade, então transfira para um refratário grande.

4 Amasse as batatas até que não haja nenhum pedaço grande.

5 Adicione presunto, queijo, cebolinha, e outra colher de chá de sal, pimenta e leite.

6 Mexa até que esteja tudo bem incorporado.

7 Modele a mistura de batata em discos de 5cm.

8 Separe a farinha, os ovos e farinha de rosca em refratários diferentes.

9 Passe os croquetes na farinha, retirando o excesso, então passe-os nos ovos e depois cubra-os de forma homogênea com a farinha de rosca.

10 Aqueça óleo em uma panela a 180°C.

11 Frite 2-3 croquetes por vez até ficarem dourados, depois retire o excesso de óleo em um prato forrado com papel-toalha.

12 Esfrie, depois sirva com o repolho e o molho.

Meia-bola napolitana de brownie

SERVE 12 PESSOAS

2 pacotes de **mistura para brownie**

⅔ de xícara (chá) de **óleo vegetal**

2 **ovos**

1,5 litro de **sorvete de morango**

1 litro de **sorvete de baunilha**

500ml de **sorvete de chocolate**

Cacau em pó

Por baixo desse domo delicioso há múltiplas camadas de brownie e sorvete, moldadas com a ajuda de um conjunto de tigelas medidoras. São diversos passos para moldar, rechear e congelar, o que prova que, às vezes, o ingrediente mais essencial de uma receita é o tempo.

1 Preaqueça o forno a 180ºC. Forre 2 assadeiras com papel-manteiga e uma tigela grande com papel-filme.

2 Em uma tigela média, misture 1 pacote da mistura para brownie, metade do óleo, ⅓ de xícara (chá) de água e 1 ovo, e mexa até ficar homogêneo. Despeje a mistura em uma das assadeiras preparadas e espalhe com uma espátula para ficar uniforme.

3 Repita o mesmo procedimento com o outro pacote de mistura de brownie. Leve as duas assadeiras ao forno de 13-15 minutos, ou até que os brownies estejam macios, mas firmes. Retire do forno e deixe esfriar.

4 Quando estiverem frios, corte um dos brownies ao meio na horizontal, e então em 8 retângulos iguais. Corte 4 desses retângulos na diagonal para obter um total de 8 triângulos e 4 retângulos. Com um copo, corte um círculo de brownie para o fundo da tigela. Arrume os pedaços de brownie na tigela forrada de forma que cubram todo o fundo e as laterais. Quando o interior estiver todo coberto, pressione bem firme os brownies, principalmente nas junções entre eles, criando uma "concha" de brownie. Certifique-se de que não haja nenhum buraco na camada exterior.

5 Coloque o sorvete de morango sobre a concha de brownie e alise com uma espátula. Cubra com papel-filme e encaixe uma tigela média sobre o sorvete, pressionando um pouco até que o sorvete de morango suba nas laterais e chegue à borda do brownie. Leve ao freezer por 3 horas, até que a camada de morango esteja firme.

6 Retire o papel-filme e repita o procedimento com o sorvete de baunilha, cobrindo bem com papel-filme e pressionando com uma tigela menor, de forma que o sorvete de baunilha

também suba nas laterais e chegue à borda da camada de morango. Leve de volta ao freezer por mais 2 horas.

7 Enquanto isso, corte um círculo na outra assadeira de brownie com a mesma circunferência da tigela grande. Isso vai cobrir as camadas de sorvete, criando uma base na hora de retirar a bola da tigela grande.

8 Retire o papel-filme do sorvete de baunilha, agora já firme, preencha o centro todo com o sorvete de chocolate e cubra com o círculo de brownie. (Guarde as sobras de brownie para mais tarde!) Pressione o círculo para firmá-lo, selando as bordas, e leve a meia-bola completa ao freezer por 1 hora.

9 Com cuidado, retire o domo do freezer e desenforme-o em uma tábua de corte ou um prato de servir. Pode ser que ela precise descongelar alguns minutos antes de soltar da tigela. (Passar uma toalha morna ao redor da tigela também vai ajudar.) Quando você conseguir levantar a tigela com facilidade, descubra a meia-bola e polvilhe-a com cacau em pó.

BOLINHAS, BOLINHOS E ANÉIS   173

Onion rings de cheeseburger

RENDE 6 UNIDADES

450g de **carne moída**

1 colher (chá) de **sal**

½ colher (chá) de **pimenta**

1 colher (chá) de **cebola em pó**

100g de **queijo cheddar**

1 **cebola** grande

1 xícara (chá) de **farinha de trigo**

5 **ovos** batidos

3 xícaras (chá) de **farinha de rosca**

Óleo para fritar

Ketchup

Ama cheeseburger? Ama onion rings? Então essa verdadeira fusão de sabores vai fazer você delirar e implorar por mais. Chame os amigos ou coma tudo sozinho, mas não deixe de experimentar a explosão sensorial deste casamento perfeito.

1 Aqueça o óleo.

2 Em uma tigela, misture a carne moída, o sal, a pimenta e a cebola em pó.

3 Descasque a cebola e corte em fatias grossas. Separe os anéis.

4 Pegue uma colher da carne temperada e coloque no meio do anel de cebola.

5 Encaixe um pedaço de queijo cheddar no meio da carne e tampe com mais carne.

6 Pressione para ficar reto.

7 Empane com farinha, ovos e farinha de rosca. Depois, mergulhe novamente nos ovos e na farinha de rosca.

8 Frite por 5-6 minutos ou até ficar dourado.

9 Coloque em papel-toalha para absorver o excesso de óleo e sirva com ketchup.

Almôndegas enroladas com cebola, bacon e barbecue

RENDE 8 UNIDADES

450g de **carne moída**

1 colher (chá) de **alho em pó**

1 colher (chá) de **cebola em pó**

1 colher (chá) de **pimenta-do-reino**

2 colheres (chá) de **sal**

¼ de xícara (chá) de **farinha de rosca**

3 **dentes de alho** picadinhos

½ **cebola** picadinha

⅓ de xícara (chá) de **salsinha** fresca

1 **ovo**

1 colher (sopa) de **ketchup**

1 colher (sopa) de **mostarda**

1 colher (chá) de **molho inglês**

1 colher (sopa) de **mel**

4 **cebolas** médias

225g de **queijo cheddar** cortado em cubos

16 **fatias de bacon**

450g de **molho barbecue**

A prateleira de condimentos da sua geladeira contém uma enorme variedade de ideias para cozinhar. Sim, estamos falando do molho barbecue! Se você sabe fazer uma figa, então consegue fazer essas almôndegas maravilhosas. A receita manda recheá-las com queijo cheddar, mas recheie com o queijo de sua preferência. A almôndega é envolta por bacon, mas é o toque de sabor do barbecue que a eleva de um prato básico para um extraordinário.

1 Preaqueça o forno a 220ºC. Forre uma assadeira com papel-manteiga.

2 Em uma tigela grande, junte a carne moída, o alho em pó, a cebola em pó, a pimenta, o sal, a farinha de rosca, o alho, a cebola picada, a salsinha, o ovo, o ketchup, a mostarda, o molho inglês e o mel, e misture até ficar homogêneo. Reserve na geladeira.

3 Corte as 4 cebolas na vertical em uma tábua de corte. Retire o meio e a raiz de cada pedaço. As camadas de cada cebola funcionarão como "conchas" para envolver as almôndegas.

4 Retire a mistura de carne da geladeira e pegue uma colherada do tamanho de uma bola de pingue-pongue. Pressione um cubo de queijo cheddar no meio. Então, molde uma almôndega com as mãos.

5 Envolva cada almôndega em 2 "conchas" de cebola e, em seguida, em 2 ou 3 fatias de bacon, selando com um palito. Transfira para a assadeira. Pincele as almôndegas com molho barbecue, cobrindo-as completamente.

6 Asse as almôndegas por 45 minutos, ou até que fiquem bem douradas, com uma bela crosta do lado de fora, pincelando de novo o molho barbecue na metade do cozimento.

Anel de lasanha

SERVE 10 PESSOAS

18 tiras de **massa de lasanha**

3 colheres (sopa) de **óleo de canola**, e mais um pouco para untar a assadeira

½ **cebola** picadinha

4 **dentes de alho** picadinhos

340g de **carne moída 80% magra**

340g de **linguiça italiana moída**

1 colher (chá) de **sal**

1 colher (chá) de **pimenta-do-reino**

1 lata (795g) de **tomate pelado**

425g de **ricota**

½ xícara (chá) de **queijo parmesão** ralado

¼ de xícara (chá) de **manjericão** picado

1 **ovo**

2 xícaras (chá) de **queijo muçarela** ralado

Molho marinara, para servir

Pode admitir: aqueles cantinhos de crosta crocante da lasanha nos fazem lembrar que estamos vivos. Se esse é o seu caso, prepare-se para ter sete vidas com essa versão, que coloca a massa, o molho e o queijo em formato de anel. Usar uma forma para bolo bundt nesse processo aumenta consideravelmente o contato da massa com a forma. Portanto, não importa como você corte as fatias, essa lasanha é uma festa.

1 Cozinhe a massa de lasanha em uma panela grande de água fervente com sal, até ficar al dente, ou 2 minutos a menos do que manda a instrução do fabricante. Escorra e coloque as tiras de massa cozidas em uma assadeira untada com óleo, untando cada lado das tiras em que se sobrepuserem, para evitar que grudem.

2 Preaqueça o forno a 190ºC.

3 Em uma panela grande em fogo alto, adicione 3 colheres (sopa) de óleo, a cebola e o alho, e refogue até que comecem a dourar, mexendo ocasionalmente, de 2-3 minutos. Acrescente a carne moída, a linguiça, o sal e a pimenta, e cozinhe, desmanchando os pedaços de carne enquanto mexe, até que toda a água tenha evaporado e a carne esteja começando a grudar no fundo da panela, de 4-5 minutos. Adicione o tomate pelado amassado e reduza o fogo para obter uma fervura branda. Cozinhe até que o molho fique bastante espesso, quase como uma pasta, mexendo de vez em quando, de 10-15 minutos. Retire do fogo e reserve.

4 Em uma tigela, junte a ricota, o queijo parmesão, o manjericão e o ovo, e misture até ficar homogêneo. Reserve.

5 Corte 6 tiras de lasanha ao meio. Elas serão as camadas entre a carne e o queijo.

6 Unte a forma bundt com spray de manteiga e coloque 12 tiras de massa no fundo, distribuindo-as em um padrão em que se

sobreponham. A massa deve cobrir até a altura do centro da forma, e nas laterais, ela deve sobrar para fora.

7 Polvilhe metade do queijo muçarela no fundo da forma, sobre a massa. Isso ajudará a unir as tiras de massa quando forem assadas. Espalhe metade da mistura de carne de maneira uniforme sobre o queijo muçarela, e então cubra com a metade das massas cortadas, fazendo uma camada de massa. Espalhe toda a mistura de ricota sobre a camada de massa, e então cubra com o restante da massa e o restante do molho de carne.

8 Dobre as pontas de massa que ficaram pendentes nas laterais em direção ao centro da forma, criando mais uma camada. Polvilhe o restante do queijo muçarela por cima.

9 Asse por aproximadamente 45 minutos, ou até que o queijo esteja bem dourado. Deixe esfriar por cerca de 1 hora, e então delicadamente desenforme o anel de lasanha em uma tábua de corte. Corte em fatias e cubra com mais queijo parmesão e manjericão. Coloque uma tigela pequena de molho marinara no centro do anel e sirva.

Anel de bolo de banana recheado com cheesecake

SERVE 10 PESSOAS

PARA O CHESSECAKE

450g de **cream cheese**

½ xícara (chá) de **açúcar de confeiteiro**

1 colher (chá) de **extrato de baunilha**

PARA O BOLO DE BANANA

4 **bananas** maduras

1 e ½ xícara (chá) de **farinha de trigo**

½ xícara (chá) de **açúcar refinado**

1 colher (chá) de **fermento em pó**

4 colheres (sopa) de **óleo vegetal**

1 **ovo**

1 colher (chá) de **bicarbonato de sódio**

¼ de colher (chá) de **sal**

1 colher (chá) de **canela**

1 colher (chá) de **extrato de baunilha**

PARA O CARAMELO

1 xícara (chá) de **açúcar refinado**

6 colheres (sopa) de **manteiga**

½ xícara (chá) de **creme de leite** fresco em temperatura ambiente

Olá, anel de bolo de banana recheado com cheesecake e coberto com caramelo. Será que você conseguiria ser ainda mais viciante? Bananas bem maduras (alguns pontinhos marrons na casca são super normais aqui) vão deixar o bolo mais úmido, e é incrivelmente fácil fazer a cheesecake do recheio. Enquanto o bolo cozinha, ferva o caramelo, deixe esfriar e regue sobre ele ainda quente. (Ah, o caramelo fica divino com sorvete também!)

1 Preaqueça o forno a 180°C.

2 Em uma tigela média, bata o cream cheese, o açúcar e o extrato de baunilha, mexendo até ficar cremoso. Leve à geladeira.

3 Em uma tigela grande, amasse as bananas com um garfo. Adicione a farinha, o açúcar, o fermento, o óleo, o ovo, o bicarbonato de sódio, o sal, a canela e a baunilha. Mexa somente até os ingredientes se misturarem, sem mexer demais. Despeje a metade da massa em uma forma bundt untada.

4 Com uma colher de sorvete, espalhe de maneira uniforme a mistura de cream cheese sobre a massa do bolo na forma, certificando-se de que ela não encoste nas laterais. Despeje o restante da massa do bolo de banana e espalhe para alisar. Asse por 30 minutos, ou até que o bolo esteja dourado.

5 Para fazer a calda de caramelo, aqueça o açúcar em uma panela sobre fogo médio-alto. Quando começar a derreter, mexa com uma colher de pau ou um *fouet*. Quando ferver, adicione a manteiga e mexa até derreter. Retire a panela do fogo, acrescente o creme de leite fresco e misture imediatamente até incorporar. (Certifique-se de que o creme de leite esteja em temperatura ambiente; caso contrário, ele vai talhar a calda.) Deixe que o caramelo esfrie e engrosse.

6 Desenforme o bolo de banana em uma grade sobre uma assadeira. Despeje a calda de caramelo sobre o bolo, deixando que o excesso pingue na assadeira. Quando a calda estiver firme, fatie o bolo.

Obrigado à equipe do Tasty em 2017 por tudo o que vocês fizeram, o tempo todo.

PRODUTORES

Pierce Abernathy
Hitomi Aihara
Katie Aubin
Adam Bianchi
Brenda Blanco
Mel Boyajian
Betsy Carter
Isabel Castillo
Matthew Ciampa
Daysha Edewi
Joey Firoben
Rachel Gaewski
Andrew Gauthier
Hector Gomez
Crystal Hatch
Andrew Ilnyckyj
Matthew Johnson
Jordan Kenna
Julie Klink
Cyrus Kowsari
Gwenaelle Le Cochennec
Tiffany Lo
Scott Loitsch
Diana Lopez
Rie McClenny
Katie Melody
Kiano Moju
Nathan Ng
Claire Nolan
Merle O'Neal
Ryan Panlasigui
Greg Perez
Cedee Sandoval
Ochi Scobie
Chris Salicrup
Marie Telling
Frank Tiu
Jody Tixier
Alix Traeger
Vaughn Vreeland
Kahnita Wilkerson
Alvin Zhou

PRODUÇÃO / OPERACIONAL / MÍDIAS SOCIAIS / ADAPTAÇÕES / VIDSTATS

Maíra Corrêa
Gabi D'Addario
Bryanna Duca
Matt Ford
Nick Guillory
Ashley McCollum
Ryan Mei
Angela Ruffin
Stephen Santayana
Tanner Smith
Nora Snee
Stevie Ward
Lauren Weitz

COMIDA

Alexis deBoschnek
Carrie Hildebrand
Claire King
Chloe Morgan
Angie Thomas

MARCA

Camille Bergerson
Nora Campbell
Sarah Freeark
Robert Gilstrap
Mike Goodman
Liza Kahn
Dylan Keith
Brendan Kelly
Grace Lee
Jess Maroney
Melissa Ng
Ken Orlino
Ryan Panlasigui
Becca Park
Mike Price
Sami Promisloff
Tracy Raetz
Leigh Riemer
Dee Robertson
Katie Schmidbauer
Swasti Shukla
Kate Staben
Allex Tarr
Hannah Williams

INTERNACIONAL

Javier Aceves
Karla Agis
Leticia Almeida
Jordan Ballantine
Guta Batalha
Dani Beck
Matt Cullum
Pierre d'Almeida
Agatha Da Hora
Vanessa Hernandez
Ellie Holland
Sebastian Fiebrig
Daisuke Furuta
Gaspar Jose
Thilo Kasper
Evelyn Liu
Isadora Manzaro
Erich Mendoza
Pierre Michonneau
Daiki Nakagawa
Ryushi Osaki
Lucia Plancarte
Suria Rocha
Gus Serrano
Sonomi Shimada
Toby Stubbs
Yui Takahashi
Jun Tsuboike
Vitor Hugo Tsuru

Nicolas Vendramini
Saki Yamada
Ryo Yamaguchi
Rumi Yamakazi

TECNOLOGIA
Jess Anastasio
Sam Balinghasay
Chad Brady
Fred Diego
Sara Gulotta
Patrick Hernandez
Ryan Inman
Will Kalish
Caitlin Osbahr
Edgar Sanchez
Amir Shaikh
Swati Vauthrin
Graham Wood

Um agradecimento especial a
Viresh Chopra

BuzzFeed
PRODUCT LABS

Obrigado aos blogueiros, chefs e criadores de receitas que nos inspiram todos os dias. Especificamente, obrigado àqueles que inspiraram algumas das receitas neste livro.

Bryon Talbott (Bola mágica de chocolate, página 146)
Cook's Country (Frango à cordon bleu, página 74)
Cook's Illustrated (Frango ao molho marsala, página 76, e Lasanha clássica à bolonhesa, página 78)
Dinner, then Dessert (As asinhas de frango picante mais crocantes do mundo, página 118)
Feeling Foolish (Ratatouille assado, página 100)
Food52 (Churrasquinho de frango na cerveja, página 35)
Gimme Delicious Food (Couve-flor assada picante, página 99)
Haniela's (Biscoito de *fidget spinner*, página 158)
Honestly YUM (Rosa de caramelo – Torta de maçã, página 59)
Just A Taste (Frango caramelizado no abacaxi, página 136)
Lindsay Hunt (Os cookies de chocolate mais macios do mundo, página 116)
Little Things (Almôndegas enroladas com cebola, bacon e barbecue, página 178)
SkinnyTaste (Almôndegas de abobrinha, página 93)
Spend With Pennies (Gratinado de pimenta jalapeño, página 29)
Spoon University (Batata emoji, página 151)
The Pioneer Woman (Rocambole gigante de canela, página 52)
Tori Avery (Falafel, página 94)
Wholefully (Os biscoitos amanteigados mais leves do mundo, página 113)

Obrigado a todos da Clarkson Potter pela visão, agilidade e dedicação.

Amanda Englander
Stephanie Huntwork
Jan Derevjanik
Chloe Aryeh
Mark McCauslin
Philip Leung
Kelli Tokos
Alexandria Martinez
Merri Ann Morrell
Linnea Knollmueller
Derek Gullino
Aislinn Belton
Kate Tyler
Carly Gorga
Erica Gelbard
Aaron Wehner
Doris Cooper
Gabrielle Van Tassel
Jill Flaxman
Katie Ziga
Christine Edwards

Obrigado ao nosso time de fotógrafos por fazerem tudo parecer incrivelmente lindo.

Lauren Volo
Molly Schuster
Maeve Sheridan
Christina Zhang
Jacklyn Reid
Joy Howard
Brianna Ashby
Jenifer Pantano
Greg Wright
Andie McMahon

Índice

Nota: as referências das páginas em *itálico* indicam fotografias.

A

Abacaxi
Frango caramelizado no, 136, *138*
Tacos de porco no estilo mexicano, *40,* 41
Abobrinha
Almôndegas de, *92,* 93
Chips de, *86,* 87
Espaguete de, ao molho Alfredo com frango, 157
Ratatouille assado, 100, *101, 102–103*
Alho
O pão de, com queijo mais gostoso do mundo, 115
Almôndegas
enroladas com cebola, bacon e barbecue, 178, *179*
Aperitivos
Anel de quesadilla, 166–67
As asinhas de frango picante mais crocantes do mundo, 118, *118*
Batata Emoji, 151
Chips assados de frutas e vegetais em quatro versões, 86–87, *86–87*
Copinhos de burrito, 26, *27*
Dumpling em formato de rosa, 132
Dumpling em três versões, 126–27, *126–27*
Espetinho de frango satay, 25
Gratinado de pimenta jalapeño, *28,* 29
Onion rings de cheeseburguer, *176,* 177
Ovos diabólicos em quatro versões, 14–15, *14–15*
Palitos de frango picante com muçarela, *18,* 19
Palitos fritos de macarrão com queijo, 21
Torta de pão de queijo, 150
Vulcões de batata, *22, 23*

Arroz
Copinhos de burrito, 26, *27*
Tigelinha de, integral com grão--de-bico e vegetais assados e molho de coentro e limão, 88–89, *90*
Avocado / abacate
Frango enrolado com bacon e recheado com guacamole, 168, *169*
Ovos diabólicos com guacamole, 14, *15*
Tigela proteica de Buda, 152, *153*

B

Bacon
Almôndegas enroladas com cebola, e barbecue, 178, *179*
Frango enrolado com, e recheado com guacamole, 168, *169*
Macarrão ao pesto com frango e, 79
Ovos diabólicos turbinados, *14,* 15
Sanduichinhos da manhã, 33, *33*
Vulcões de batata, *22, 23*
Banana
Anel de bolo de, recheado com cheesecake, *182,* 183
Bolo recheado de, com manteiga de amendoim, 48, *50*
Barbecue
Almôndegas enroladas com cebola, bacon e, 178, *179*
Churrasquinho de frango na cerveja, 35
Batata(s). *Veja também* batata--doce.
-tornado, *36,* 37
Bolinhos de, com linguiça, 170
Coxinhas de camarão, 24
emoji, 151
Frigideira de carne assada com, 16, *17*
Macarrão com queijo vegano, 97
Nhoque caseiro, 72, *73*
Vulcões de, *22, 23*
Batata-doce
Chips de, *86,* 87
Tigela proteica de Buda, 152, *153*

Tigelinha de arroz integral com grão-de-bico e vegetais assados e molho de coentro e limão, 89, *90*
Beringela
Ratatouille assado, 100, *101, 102–103*
Biscoito cream cracker
Bolo furado de cheesecake com frutas vermelhas, 49, *51*
Cheesecake de unicórnio, *148,* 149
Dip de S'mores clássico, 108, *110*
Trufa de brownie recheada de cheesecake, 163, *164*
Biscoitos
de *fidget spinner*, 158, *159*
Os, amanteigados mais leves do mundo, *112,* 113
Bolo
Anel de, de banana recheado com cheesecake, *182,* 183
furado em quatro versões, 48–49, *50–51*
Brigadeiros, 56, *57*
Brócolis
Sopa de, e queijo cheddar, 96
Tigelinha de quinoa com legumes assados e molho doce de soja, 88, *91*
Brownies
Meia-bola napolitana de, 172–73, *174–75*
Os, mais densos do mundo, 114
triplos, 108, *111*
Trufas de, recheadas em quatro versões, 162–63, *164–65*
Burrito, copinhos de, 26, *27*

C

Cajun, Ovos diabólicos com, 15, *15*
Camarão
Coxinhas de, 24
Dumpling em formato de rosa, 132
Dumpling em três versões, 126–27, *126–27*
Canela
Churros, 64
Rocambole gigante de, 52–53, *54*

Caramelo, Rosa de — Torta de maçã, 58, 59

Carne
Almôndegas enroladas com cebola, bacon e barbecue, 178, 179
Cheeseburguer, 33, 33
Filé francês apimentado, 82
Frigideira de, assada com batata, 16, 17
Lasanha clássica à bolonhesa, 78
Rolinhos de fajita de, 34
Tacos al pastor, 133
Torta de, 83

Castanha-de-caju
Macarrão com queijo vegano, 97

Cebola
Almôndegas enroladas com, bacon e barbecue, 178, 179

Cenoura
Dumpling em três versões, 126–27, 126–27
Salada de macarrão oriental, 104, 105
Tigelinha de quinoa com vegetais assados e molho doce de soja, 88, 91
Torta de frango de frigideira, 80, 81

Chantilly
Copinhos de tortilla, 60, 61

Cheesecake
Anel de bolo de banana recheado com, 182, 183
arco-íris, 156
Bolo furado de, com frutas vermelhas, 49, 51
de unicórnio, 148, 149
Macarons de, de morango, 65
Trufas de brownie recheadas de, 163, 164

Chili
Barquinha de cachorro-quente com queijo e, 20

Chocolate
Bola mágica de, 146–47, 147
Bolo furado de, 48, 50
Bolo furado de cookies 'n' cream, 49, 51
Brigadeiro, 56, 57
Brownies triplos, 108, 111
Galáxia de, 154, 155
Meia-bola napolitana de brownie, 172–73, 174–75

O sorvete mais cremoso do mundo em duas versões, 120–21, 123
Os brownies mais densos do mundo, 114
Os cookies de, mais macios do mundo, 116, 117
Trança, 68, 70
Trufas de brownie recheadas em quatro versões, 162–63, 164–65

Chocolate branco
Cheesecake de unicórnio, 148, 149
Galáxia de chocolate, 154, 155
Trufa de, com pedaços, 63
Trufas de cookies 'n' cream, 109, 110

Churros, 64

Cogumelos
Dumpling em três versões, 126–27, 126–27
Frango ao molho marsala, 76, 77
Pizza com massa de couve-flor com pimentão e, 143, 145

Cookies
Macarons de cheesecake de morango, 65
Os, de chocolate mais macios do mundo, 116, 117
Palmier, 109, 111

Cookies 'n' cream
Bolo furado de, 49, 51
Trufas de, 109, 110

Couve
Chips de, 86, 87

Couve-flor
assada picante, 98, 99
Pizza com massa de, em três versões, 142–43, 144–45

Cream cheese
Anel de bolo de banana recheado com cheesecake, 182, 183
Bolo furado de cheesecake com frutas vermelhas, 49, 51
Cheesecake arco-íris, 156
Cheesecake de unicórnio, 148, 149
Macarons de cheesecake de morango, 65
Massa folhada em quatro versões, 68–69, 70–71
Trufas de brownie recheadas de cheesecake, 163, 164

Trufas de cookies 'n' cream, 109, 110

D

Dips
de S'mores clássicos, 108, 110
Gratinado de pimenta jalapeño, 28, 29
Dumpling
em formato de rosa, 132
em três versões, 126–27, 126–27

E

Emoji
Batata, 151
Espinafre
Macarrão ao pesto com frango e bacon, 79
Pizza arco-íris com massa de couve-flor, 143, 145

F

Falafel, 94, 95
Fidget spinner, Biscoitos de, 158, 159
Framboesa, Flor de, 69, 71
Frango
Anel de quesadilla, 166–67
ao molho marsala, 76, 77
As asinhas de, picante mais crocantes do mundo, 118, 118
caramelizado no abacaxi, 136, 138
Churrasquinho de, na cerveja, 35
Copinhos de burrito, 26, 27
empanado agridoce, 129
enrolado com bacon e recheado com guacamole, 168, 169
Espaguete de abobrinha ao molho Alfredo com, 157
Espetinho de, satay, 25
Macarrão ao pesto com, e bacon, 79
O, frito com mel mais suculento do mundo, 119
Palitos de, picante com muçarela, 18, 19
Sanduichinhos de, barbecue, 32, 32
Sanduichinhos de, com parmesão, 32, 32
Sanduíche de, frito, 44, 45
tikka masala, 130, 131
Torta de, de frigideira, 80, 81
à cordon bleu, 74–75, 75

ÍNDICE **189**

Frigideira de carne assada com batata, 16, *17*

Frutas. *Veja também as frutas específicas*

Chips assados de, e vegetais em quatro versões, 86–87, *86–87*

Copinhos de tortilla, 60, *61*

Frutas vermelhas

Bola mágica de chocolate, 146–47, *147*

Bolo furado de cheesecake com, 49, *51*

Catavento de mirtilo, 69, *70*

Copinhos de tortilla, 60, *61*

Diamante de morango, 68, *70*

Flor de framboesa, 69, *71*

Macarons de cheesecake de morango, 65

G

Grãos

Copinhos de burrito, 26, *27*

Falafel, 94, *95*

Tigela proteica de Buda, 152, *153*

Tigelinha de arroz integral com grão-de-bico e vegetais assados e molho de coentro e limão, 88–89, *90*

Tigelinhas vegetarianas de, em duas versões, 88–89, *90–91*

Guacamole

Frango enrolado com bacon e recheado com, 168, *169*

Ovos diabólicos com, 14, *15*

H

Hot dog

Barquinhas de cachorro-quente com queijo e chili, 20

no espeto com queijo e pimenta, 42, *43*

I

Iogurte grego

Sanduíche de frango frito, *44,* 45

J

Jalapeño, Gratinado de pimenta, *28,* 29

L

Lasanha

Anel de, 180–81

clássica à bolonhesa, 78

Linguiça

Anel de lasanha, 180–81

Bolinhos de batata com, 170

M

Maçã

Chips de, 86, *87*

Torta de, francesa (*tarte tatin*), *134,* 135

Torta de, Rosa de caramelo, *58,* 59

Macarons de cheesecake de morango, 65

Manteiga de amendoim

Bolo furado de banana com, 48, *50*

Dip de S'mores de, 108, *110*

Espetinho de frango satay, 25

Salada de macarrão oriental, 104, *105*

Trufas de brownie recheadas de, 162, *165*

Marguerita, Pizza, com massa de couve-flor, 142, *144*

Marshmallows

Cheesecake arco-íris, 156

Dip de S'mores clássicos, 108, *110*

Massa

Anel de lasanha, 180–81

Lasanha clássica à bolonhesa, 78

Macarrão ao pesto com frango e bacon, 79

Macarrão com queijo vegano, 97

Nhoque caseiro, 72, *73*

Palitos fritos de macarrão com queijo, 21

Salada de macarrão oriental, 104, *105*

Massa de cookie, Trufas de brownie recheadas de, 163, *164*

Massa folhada

em quatro versões, 69-69, *70-71*

Palmier, 109, *111*

Torta de maçã francesa (tarte tatin), *134,* 135

Mel

O frango frito com, mais suculento do mundo, 119

Mirtilo, catavento de, 69, *70*

Morango

Diamante de, 68, *70*

Macarons de cheesecake de, 65

N

Nhoque caseiro, 72, *73*

Nozes. *Veja* Castanha-de-caju; nozes-pecã

Nozes-pecã

Bolo furado de chocolate, 48, *50*

O

Ovos

diabólicos em quatro versões, 14–15, *14–15*

Sanduichinhos da manhã, 33, *33*

P

Pães

O, de alho com queijo mais gostoso do mundo, 115

Rocambole gigante de canela, 52–53, *54*

Palmier, 109, *111*

Panqueca alemã (ou *dutch baby*), 128

Pesto, Macarrão ao, com frango e bacon, 79

Pimenta

Gratinado de, jalapeño, *28,* 29

Hot dog no espeto com queijo e, 42, *43*

Pimentão

Ovos diabólicos com cajun, 15, *15*

Pizza arco-íris com massa de couve-flor, 143, *145*

Pizza de, e cogumelo com massa de couve-flor, 142, 143

Ratatouille assado, 100, *101, 102–103*

Rolinhos de fajita de carne, 34

Salada de macarrão oriental, 104, *105*

Tigelinhas vegetarianas de grãos em duas versões, 88–89, *90*

Pizza

Bolinhas de, 171

com massa de couve-flor em três versões, 142–43, *144–45*

Porco. *Veja também* bacon; presunto; linguiça

Costelinha assada com vegetais, 38, *39*

Dumpling em formato de rosa, 132

Dumpling em três versões, 126–27, *126–27*

Lasanha clássica à bolonhesa, 78
Tacos de, no estilo mexicano, *40,* 41
Pratos principais
Almôndegas de abobrinha, *92,* 93
Almôndegas enroladas com cebola, bacon e barbecue, 178, *179*
Anel de lasanha, 180–81
Bolinhos de batata com linguiça, 170
Churrasquinho de frango na cerveja, 35
Costelinha assada com vegetais, 38, *39*
Couve-flor assada picante, *98,* 99
Espaguete de abobrinha ao molho Alfredo com frango, 157
Filé francês apimentado, 82
Frango ao molho marsala, 76, *77*
Frango caramelizado no abacaxi, 136, *138*
Frango empanado agridoce, 129
Frango enrolado com bacon e recheado com guacamole, 168, *169*
Frango tikka masala, 130, *131*
Frango à cordon bleu, 74–75, *75*
Frigideira de carne assada com batata, 16, *17*
Lasanha clássica à bolonhesa, 78
Macarrão ao pesto com frango e bacon, 79
Macarrão com queijo vegano, 97
Nhoque caseiro, 72, *73*
O frango frito com mel mais suculento do mundo, 119
Pizza com massa de couve-flor em três versões, 142–43, *144–45*
Ratatouille assado, 100, *101, 102–103*
Rolinhos de fajita de carne, 34
Salada de macarrão oriental, 104, *105*
Sanduichinhos em quatro versões, 32–33, *32–33*
Tacos de porco no estilo mexicano, *40,* 41
Tigela proteica de Buda, 152, *153*
Tigelinhas vegetarianas de grãos em duas versões, 88–89, *90–91*
Torta de carne, 83

Torta de frango de frigideira, *80,* 81
Presunto
Frango à cordon bleu, 74–75, *75*
Sanduichinhos da manhã, 33, *33*

Q

Queijo. *Veja também* cream cheese
Anel de lasanha, 180–81
Anel de quesadilla, 166–67
Barquinhas de cachorro-quente com, e chili, 20
Batata-tornado, *36,* 37
Copinhos de burrito, 26, *27*
Croquetes de presunto e, no estilo japonês (korokke), 171
Espaguete de abobrinha ao molho Alfredo com frango, 157
Frango à cordon bleu, 74–75, *75*
Gratinado de pimenta jalapeño, *28,* 29
Hot dog no espeto com, e pimenta, 42, *43*
Lasanha clássica à bolonhesa, 78
Macarrão ao pesto com frango e bacon, 79
Macarrão com, vegano, 97
O pão de alho com, mais gostoso do mundo, 115
Onion rings de cheeseburguer, *176,* 177
Ovos diabólicos turbinados, *14,* 15
Palitos de frango picante com muçarela, *18,* 19
Palitos fritos de macarrão com, 21
Pizza com massa de couve-flor em três versões, 142–43, *144–45*
Sanduichinhos em quatro versões, 32–33, *32–33*
Sopa de brócolis e, cheddar, 96
Vulcões de batata, *22,* 23
Quinoa
Tigela proteica de Buda, 152, *153*
Tigelinha de, com vegetais assados e molho doce de soja, 88, *91*

R

Ratatouille assado, 100, *101, 102–103*
Repolho
Dumpling em três versões, 126–27, *126–27*

Tigelinha de quinoa com vegetais assados e molho doce de soja, 88, *91*

S

Salada de macarrão oriental, 104, *105*
Sanduíche
de frango frito, *44,* 45
Falafel, 94, *95*
Sanduichinhos em quatro versões, 32–33, *32–33*
Sobremesas
Anel de bolo de banana recheado com cheesecake, *182,* 183
As sobremesas de três ingredientes mais fáceis do mundo em quatro versões, 108–9, *110–11*
Biscoitos de *fidget spinner*, 158, *159*
Bola mágica de chocolate, 146–47, *147*
Bolo furado em quatro versões, 48–49, *50–51*
Brigadeiro, 56, *57*
Cheesecake arco-íris, 156
Cheesecake de unicórnio, *148,* 149
Churros, 64
Copinhos de tortilla, 60, *61*
Galáxia de chocolate, *154,* 155
Macarons de cheesecake de morango, 65
Massa folhada em quatro versões, 68–69, *70–71*
Meia-bola napolitana de brownie, 172–73, *174–75*
O sorvete mais cremoso do mundo em duas versões, 120–21, *123*
Os biscoitos amanteigados mais leves do mundo, *112,* 113
Os brownies mais densos do mundo, 114
Os cookies de chocolate mais macios do mundo, 116, *117*
Rosa de caramelo — Torta de maçã, *58,* 59
Sorbet de manga, 62, *62*
Torta de maçã francesa (tarte tatin), *134,* 135
Trufa de chocolate branco com pedaços, 63

Trufas de brownie recheadas em quatro versões, 162–63, *164–65*
Sopa de brócolis e queijo cheddar, 96
Sorbet de manga, 62, *62*
Sorvete
  Meia-bola napolitana de brownie, 172–73, *174–75*
  O, mais cremoso do mundo em duas versões, 120–21, *123*

T

Tacos de porco no estilo mexicano, *40,* 41
Tigela proteica de Buda, 152, *153*
Tofu

Tigela proteica de Buda, 152, *153*
Tomate(s)
  Frango tikka masala, 130, *131*
  Lasanha clássica à bolonhesa, 78
  Ratatouille assado, 100, *101, 102–103*
  Torta de carne, 83
Torta, Rosa de caramelo —, de maçã, *58,* 59
Torta de carne, 83
Torta de maçã francesa (*tarte tartin*), *134,* 135
Torta de pão de queijo, 150
Tortilla(s)
  Anel de quesadilla, 166–67
  Copinhos de, 60, *61*
  Copinhos de burrito, 26, *27*

Tacos de porco no estilo mexicano, *40,* 41
Trufa(s)
  de brownie recheadas de, 162–63, *164–65*
  de chocolate branco com pedaços, 63
  de cookies 'n' cream, 109, *110*

Vegetais. *Veja também vegetais específicos*
  Chips assados de frutas e, em quatro versões, 86–87, *86–87*
  Tigelinhas vegetarianas de grãos em duas versões, 88–89, *90–91*